☑ 하지 않을 일 리스트

하지 않을 일 리스트

파(pha) 지음 | 이연승 옮김

bㄷㅎㅏ

하지 않을 일 리스트

2017년 1월 20일 초판 1쇄 발행

지은이 pha

옮긴이 이연승

펴낸이 정해종

펴낸곳 박하

출판신고 2016년 5월 20일 제406-2016-000066호

주소 경기도 파주시 회동길 337-16 3층

전화 031-955-9912, 9913

팩스 031-955-9914

이메일 bakha@bakha.kr

페이스북 bakhabooks

책임편집 김새미나, 이기웅, 이한아

마케팅 심규완, 김명래, 권금숙, 양봉호, 최의범, 임지윤, 조히라

경영지원 김현우, 강신우

© pha (저작권자와 맺은 특약에 따라 검인을 생략합니다)

ISBN 979-11-87798-01-9 (03300)

이 세상은 수없이 많은 '하지 않으면 안 될 일'들로 가득 차 있다. TV에서도, 인터넷에서도, 그리고 서점에 깔린 수많은 책들 속에서도 '이것을 하지 않으면 당신은 뒤처진다'라는 메시지로 득실거린다.

10년 후, 20년 후에도 먹고살 수 있는 직업을 찾아야 한다. 일만 열심히 할 것이 아니라 가정과 일 양쪽 모두 잘해야 한다. 아이를 어엿하게 키우고 나이 든 부모를 착실히 부양해야 할 뿐만 아니라 앞으로의 노후도 대비해야 한다. **언제 닥칠지 모를 재해와 사고에 대비해 보험에 들고, 저금도 해야 하고 재테크도 꼼꼼히 해두어야 한다.** 성실하게 일하지 않으면 주위에 민폐를 끼친다. 나도 열심히 살지 않

내 또래들은 모두들 나보다 열심히 살고 있다.

으면 패배자 그룹에 전락할 테지만, 그렇다고 해서 일 때문에 스트레스를 받아서는 안 된다. 건강을 위해 채소를 좀 더 섭취해야 하고, 운동도 규칙적으로 해야 한다. 취업 활동, 결혼 준비, 노후 대비. 독창성과 협조성. 타인에게 사랑받는 사람이 되기 위해 익혀야

감정을 자제해야 하지만 또 너무 쌓아둬도 안 된다.

할 것. **때와 장소에 따라 다르게 행동하면서도 진정한 나 자신을 찾자.** 사회인이라면 이 정도 매너는 익혀둬야 한다. 다른 사람에게 폐를

끼치지 않으면서 사회에 공헌해야 살아갈 가치가 있다. 영어 정도는 자유자재로 구사해야 한다. 나 자신뿐만 아니라 환경과 정치에 대해서도 진지하게 고민해야 한다.

내 집을 마련해야 한다.

자격증을 따놓아야 한다.

취미가 없으면 삶이 쓸쓸해지고, 유행을 체크하지 않으면 시대에 뒤처진다. 다른 사람에게 온 메시지는 곧바로 답장을 보내야 한다. 하지만 자기 전에 스마트폰을 들여다보고 있으면 수면 부족에 시달린다. 하루는 24시간밖에 없으니 좀 더 시간을 효율적으로 사용해야 한다.

왜 이토록 '하지 않으면 안 될 일'들에 쫓기며 사는 걸까?

그 이유 중 하나는 '정보가 너무 많아서'이다. 현대 사회에서 살다 보면 TV, 언론, 인터넷 등에서 무한정으로 쏟아내는 수많은 정보에 노출될 수밖에 없다. 미디어에서는 다양한 사람들이 하나같이 입을 모아 '행복해지려면 이런 삶을 살아야 합니다' '저는 이러저러해서 성공했습니다' 같은 정보를 끊임없이 내놓고 있다.

각각의 의견 하나하나는 틀린 게 없다. 그렇게 주장하는 사람은 정말로 그렇게 믿고 있을 것이다. 하지만 듣는 쪽에서는 수많은 사람이 입에 담는 정보를 전부 실천할 수는 없다. 따라서 스스로 정보를 취사선택해야만 하는 상황에 놓이지만 정보가 지나치게 많은 탓에 '어떤 것이 나에게 필요한지' 판단하기가 보통 어려운 일이 아니다. 그러다가 결국 이런 입장으로 끝나고 만다. '다들 이건 반드시 해야 한다고 입을 모아 말하지만, 그중 어떤 말을 믿어야 좋을지 모르겠다'라고 말이다.

그리고 또다른 하나의 이유가 있다. '그래야만 시장이 돈을 벌 수 있기 때문'이다.

인간은 현 상황에 만족하면 돈을 안 쓰게끔 된다. 그러나 '이대로 가만히 있으면 뒤처진다'라는 불안감이 들면 돈을 쓰기 마련이다. 따라서 광고에서 뭔가를 팔 때는 '영어는 반드시 익혀둬야 한다' '결혼은 반드시 해야 한다' '집은 반드시 사야 한다' '다이어트를 반드시 해야 한다'라는 상투적인 방법을 동원하여 불안감을 부추긴다. 그런 식으로 불안감을 부추겨 파는 것들이 전혀 쓸모가 없는 것은 아니지만, 그렇다고 해서 광고에서 강박적으로 강조하는 만큼 '없으면 절대 안 되는 무엇'은 아니다.

필요 이상으로 '그렇게 가만히 있으면 안 된다'라고 위협하는 이는 당신의 불안감을 부추겨서 뭔가를 팔려는 사람, 혹은 스스로에게 자신감이 없어서 다른 이의 삶을 부정하려는 사람이다. 그런 사람은 타인의 자존감을 도둑질해서 살아가곤 한다. 그런 이들이 하는 말에 귀 기울일 필요 없다.

세상에서 흔히 말하는 '하지 않으면 안 될 일'의 99퍼센트는 '실은 딱히 하지 않아도 상관없는 일'이다. 이 책은 세상에서 '하지 않으면 안 된다'라고 말하는 일들을 하나씩 검토해가며, '아, 이거든 저거든 딱히 하지 않아도 상관없구

나. 인생이란 훨씬 여유롭게 살아도 괜찮은 거구나'라고 생각하며 어깨에 힘을 빼고 편하게 살아가기 위한 책이다.

생각해보면 나도 과거에는 '하지 않으면 안 될 일'에 쫓기며 살았다. 어렸을 때부터 천성이 게을렀고, 걸핏하면 "피곤해"라는 말을 입에 달고 사는 아이였다. 다른 사람과의 소통에 서툴고 가까운 친구도 없어서 매일 학교에 가기가 싫었다. 계속 집에서 잠만 자고 싶었다.

하지만 학교는 꼭 가야 하는 곳이라는 말에, 꾹 참고 다녔다. '다른 사람들은 아무렇지 않게 하는 일을 전혀 못 하는 나는 얼마나 쓸모없는 인간인가'라며 자기혐오에 빠질 때도 종종 있었다.

어떻게 해야 좋을지도 모르겠고 내가 뭘 하고 싶은지도 모른 채 '일단 다들 평범하게 하는 일들을 나도 노력해서 할 수 있도록 하자'라는 생각에 어쩔 수 없이 학교에 다녔다. 선생님이 시키는 대로 공부를 하다가 의외로 좋은 대학에 들어갔고, 어쩌다 보니 졸업까지 한 뒤, 나름 안정돼 보이는 회사에 취직했다.

취직한 것까지는 그렇다고 쳐도, 직장과 일에 도무지 정이

붙지 않았다. 그래도 꾹 참고 매일 출근하며 일하다가 3년 만에 한계에 다다랐다. 이런 삶을 수십 년이나 더 이어갈 수는 없다고 절감했다.

'내가 반드시 해야 할 이유를 찾지 못하는 일은 더는 하지 말자. 주변 사람들이 이해하지 못해도 나 스스로 만족할 수 있는 일, 내가 하고 싶은 일만 하며 살아가자.' 그렇게 마음먹고 회사를 그만두기로 했다.

주위에서는 '별다른 대책도 없이 무작정 회사를 그만두고 놀겠다니, 멍청한 짓 하지 마!'라며 화를 내는 사람도 있었지만 '이곳을 계속 다녀봐야 나한테 좋을 건 하나도 없다'라고 확신했기에 결심은 흔들리지 않았다.

회사를 그만두면서 처음에는 사회에서 '정상적'이라 여기는 삶의 궤도에서 벗어난다는 사실에 불안하기도 했다.

그런데 실제로 그만둬보니 잃은 것보다 얻은 것이 더 많다. 물론 수입은 대폭 줄었지만 업무로 인한 스트레스가 사라졌고 자유롭게 쓸 수 있는 시간이 압도적으로 늘어나 일상에서 느끼는 행복감도 커졌다.

지금은 거의 모든 '하지 않으면 안 될 일'에서 벗어나 내가 하고 싶은 일과 살아가는 데 꼭 필요한 최소한의 일만을 한다. '사회에 그다지 얽히지 않고 느긋하게 매일 먹고산다'라는, 내가 상상할 수 있는 최대치의 편한 일상을 보내고 있다.

'하지 않으면 안 될 일'에 쫓기지 않고 마음에 여유를 지니며 살아가려면 어떻게 해야 할까.

결국 나 스스로 '그 일이 정말로 나에게 필요한가'를 일일이 짚어볼 수밖에 없다. 평가 기준을 내 바깥에 두는 한 다른 사람에게 휘둘리는 삶에서 벗어날 수 없기 때문이다.

❶ 다른 사람과 세상의 평가로 내 행동을 정하는 것이 아닌 나만의 가치관 갖기

❷ 다른 사람과 세상의 속도를 무리하게 쫓지 않고 나만의 속도를 파악하기

이 두 가지 포인트를 염두에 두는 것이 중요하다.

어려운 문제를 해결하려면 뒤엉킨 문제의 실타래를 작은 문제로 잘게 쪼갠 후 하나하나 확실하게 풀어가는 방법이 현명하다.

이 책에서는 '이 일은 딱히 하지 않아도 된다'라는 내용을

서른여섯 가지 '하지 않을 일 리스트'로 분류해 이 세상에 넘쳐나는 '○○하지 않으면 안 된다'라는 속박을 풀어갈 것이다.

1장은 '무엇이든 공짜로 얻을 수 있는 시대' '사고를 깔끔하게 정리하는 비법' 등을 다룬 '소유하지 않을 것 리스트'.

2장은 '게으름은 미덕이다' '하기 싫은 일은 하지 않아도 된다' '너무 열심히 하면 일찍 죽는다' 등을 다룬 '노력하지 않을 것 리스트'.

3장은 '내 책임은 50%로 충분하다' '모든 성공은 우연에 지나지 않는다' '힘들 때는 괴성을 질러보자' 등을 다룬 '내 탓으로 하지 않을 것 리스트'.

4장은 '포기하면 삶이 편해진다' '타인은 말이 통하지 않는 동물이다' '죽은 사람처럼 살면 뭐든 즐겁다' 등을 다룬 '기대하지 않을 것 리스트'.

딱히 순서에 상관없이 궁금한 부분부터 읽어도 상관없다. 매일 뭔가에 쫓기는 삶에서 벗어나고 싶다면, 지금부터 내 마음속에 깊숙이 자리 잡은 '하지 않으면 안 되는 일'을 하나씩 지워나가자.

1장
주변 환경을 깔끔하게 정리하는
소유하지 않을 것 리스트

2장
행동을 편하게 하는
노력하지 않을 것 리스트

3장

의식을 편하게 하는
내 탓으로 하지 않을 것 리스트

4장

삶을 편하게 하는

기대하지 않을 것 리스트

1장
주변 환경을 깔끔하게 정리하는
소유하지 않을 것 리스트

당신은 돈을 벌기 위해 일하고,
일하면서 스트레스를 받고,
또 그 스트레스를 풀기 위해
돈을 쓰고 있지는 않은가

쳇바퀴처럼 사는 동안
당신에게 주어진
단 한 번의 인생은 흘러간다

1장
주변 환경을 깔끔하게 정리하는
소유하지 않을 것 리스트

들어가기: 뭐든 공짜로 얻을 수 있는 시대?

'미니멀 라이프'에 대한 공감이 힘을 얻고 있는 요즘, '물건이 많아야 풍족하다'라는 생각은 이제는 낡은 사고방식이 되었다.

물건이라는 것은 지니고 있으면 필연적으로 관리 비용이 발생한다. '관리 비용'에는 실질적인 돈과 관리하는 데 드는 수고뿐 아니라 '어라, 이건 계속 안 쓰는데 버릴까? 어쩌지?'라는 식으로 자기도 모르게 계속 신경 쓰게 되는 심리적 비용도 포함된다. 가지고 있는 물건이 적어야 홀가분하고 편하게 살아갈 수 있다.

꼭 내 소유물로 만들지 않아도 필요할 때만 빌리거나 공유하면 된다. 최근에는 카메라, 노트북 등의 전자기기를 대여하는 업소도 많아졌다. 차가 필요할 때만 카셰어링을 하는 사람도 부쩍 늘고 있다.

그 밖에 손님용 이불이나 예복과 같은 '특정한 때에만 필요한 물건'은 일시적으로 대여해서 어떻게든 메울 수 있다. '대여품을 쓰는 건 궁상맞다'라고 생각하는 사람도 있지만 그런 사람은 그렇게 살면 된다. 하지만 공유 경제는 이미 확고한 트렌드로 자리 잡았다.

나는 지금 셰어하우스에 살며 집을 포함한 다양한 소유물을 지인, 친구와 공유하며 살아가고 있다. 그럼으로써 돈이 적게 들어 부담이 적어지는 효과도 있지만, 무엇보다 또 하나의 큰 장점은 뭔가를 빌리거나 공유하는 행위를 통해 내 세계가 넓어진다는 점이다.

나는 셰어하우스에 살기 전까지 게임을 그리 즐기지 않았고 애니메이션에도 그다지 관심이 없었다. 그런데 셰어하우스라는 주거 공간에서 다른 사람이 게임을 하고 애니메이션을 감상하는 모습을 옆에서 지켜보면서 요즘은 나도 게임과 애니메이션을 즐기게 됐다. 내 돈으로는 사지 않을 만화책이 어느새 내가 사는 공간에 놓여 있어, 그 책들을 읽게 되는 새로운 재미도 생겼다. 그런 식으로 다른 사람과 물건과 공간을 공유하면 혼자서는 맞닥뜨리지 못할 새로운 무언가를 접하게 되고, 머물러 있던 세계가 넓어지는 즐거움이 있다.

나라는 인간이 본래 소유욕이 적을 수도 있다. 사고 싶은 게 별로 없어서 물건을 거의 사지 않고, 뭔가가 필요할 때도 대부분 인터넷을 통해 다른 사람에게 양도받을 때가 많다.

지금껏 양도받은 물건을 꼽아보자면 자전거, 오토바이, 자동차, 세탁기, 냉장고, 만화책, 게임팩, 컴퓨터 등이 있다. 이 넓은 세상에는 늘 수많은 물건이 남게 되며, 결국 버려지기 마련이다. 그런 만큼 처분하려는 사람을 잘 찾으면 공짜로 얻을 수 있는 물건이 제법 많다. 자전거나 가전제품과 같이 버리는 데 돈이 드는 물건은 더욱 공짜로 얻기 쉽다.

나는 물건에 집착이 없어서 버려지기 직전의 너덜너덜한 것일지라도 신경 쓰지 않는다. 어차피 공짜이니 작동만 되면 감지덕지라 여긴다. 인터넷에서 물건을 공짜로 받는 방법은 간단하다. 트위터나 블로그와 같은 자신의 SNS 계정에 다음 과 같이 올리는 것이다.

'자전거가 필요한데 혹시 필요 없게 된 분 계신가요?'

'오토바이를 혹시 버릴 분 계시면⋯⋯'

이런 말을 꾸준히 올리면 된다. 물건에 따라서 곧바로 그런 사람을 찾기는 어려울지도 모른다. 하지만 몇 개월간 꾸준히 올리다 보면 결국에는 그런 사람을 만날 수 있다.

예전에 인도에서 구걸을 해봤다는 지인이 나에게 이런 말을 해준 적이 있다.

"구걸할 때 가장 좋은 방법은 '뭔가를 주세요' 같은 어정쩡한 요구가 아니라 '5루피를 주세요'나 '먹을 것을 주세요'처럼 확실한 요구를 하는 거야."

뭐가 필요한지를 확실히 말해야 상대방도 YES, NO로 간명하게 대답할 수 있기 때문에 상대를 해줄 확률이 높아진다.

세상에는 '주고 싶은 사람'과 '받고 싶은 사람'이 존재한다. 전혀 알지 못하는 타인 간의 수요와 공급을 이어주는 유용한 연결 도구가 바로 인터넷이다. 애초에 세상의 모든 장사란 '팔고 싶은 사람'과 '사고 싶은 사람'을 적재적소에 연결시킴으로써 성공을 거두는 것이다.

예를 들어 무가 필요하다고 해도 무 농가에 직접 연락해서 무를 사기는 쉽지 않다. 그렇기에 무가 필요한 사람과 무 농가 사이에 다리를 놓기 위한 농협이나 도매업자, 그리고 채소 가게 주인 등이 존재하고, 장사가 성립하게 된다.

그러나 인터넷은 그런 유통 과정을 모조리 생략하고 '주고 싶은 사람'과 '받고 싶은 사람'을 직접 연결시켜준다. 그런 만큼 제대로 연결만 되면 원하는 물건을 싼 가격에, 운이 좋으면 공짜로 손에 넣을 수 있다.

나는 물건을 공짜로 받을 뿐만 아니라 비슷한 빈도로 다른 사람에게 준다. 물건을 너무 많이 가지고 있으면 삶에서 홀가분함이 사라지니 필요 없어질 때마다 다른 사람에게 주거나 버리면서 처분한다.

자주 쓰지 않는 물건은 선뜻 다른 사람에게 넘겨야 내가 어떤 물건이 필요해질 때 받기도 쉬워진다.

물건을 버리기 아까워서 망설일 수도 있겠지만 쓰지 않는 물건을 계속 보관하기 위해 드는 관리 비용이 더 아깝다고 생각하자.

'주의자원注意資源'이라는 개념이 있다. 인간이 뭔가에 주의를 기울일 때 드는 에너지를 뜻하는데, 여기서 중요한 점은 '인간의 주의자원은 유한하다'는 것이다. 소유물이 많을수록 물건 하나하나에는 소홀해진다. 따라서 아무리 넓은 집을 가졌어도 인간이 효율적으로 활용할 수 있는 물건 수에는 한도가 있다.

내가 가지고 있는 것	공유나 대여일 때
• 언제든 필요할 때 쓸 수 있다 • 항상 관리 비용이 든다	• 꼭 필요할 때만 쓸 수 있다 • 평소에는 홀가분하게 살 수 있다 • 다소 비싸질 때도 있다

◑ 물건은 필요할 때만 빌려 쓰면 된다

비단 물건 외에도 지인과 친구, 기억과 체험의 수에서도 같은 논리가 적용된다. 많이 가지면 가질수록 하나하나를 향한 애정과 감동은 줄어들기 마련이다.

반대로 말하면 아무것도 가지지 않은 텅 빈 상태일 때 새로운 무언가를 얻을 여지가 생긴다.

요가를 하는 지인이 '숨을 깊게 들이마시는 비법은 일단 한계에 다다를 때까지 숨을 내쉬는 것'이라고 말한 적이 있다. 뭔가를 얻으려면 지금 가지고 있는 것을 버리면 된다. 빈 공간이 있으면 자연히 새로운 것이 그 안에 들어올 것이다. 새로운 것을 손에 넣기 위해 망설이지 말고 필요 없는 물건들을 버려보자.

이 장에서는 내가 가진 물건과 정보 등을 최대한 줄여 산뜻한 기분으로 살아가기 위한 비법에 대해 생각해보고자 한다.

LIST 1 ☐ 쇼핑하지 않는다

서른을 넘길 무렵부터 '뭔가 갖고 싶은 게 왜 이리 없을까'라고 생각하게 됐다. 어릴 때는 지식과 경험이 부족한 만큼 '저걸 가지고 싶다' '거기에 가고 싶다' '그걸 해보고 싶다'와 같은 다양한 미지의 것에 흥미가 생기며 이런저런 기대와 욕망을 품기 마련이다. '지금까지 없었던 이것을 손에 넣으면 인생이 극적으로 바뀔지도 몰라!' 하며 아직 접해보지 못한 무언가를 동경하곤 한다.

하지만 나이를 먹을수록 경험이 쌓이며 대개의 일들은 어느 정도 상상할 수 있게 된다. '타이트한 옷은 사봐야 좀처럼 입게 되지 않는다'라거나 '조작이 까다로운 가전제품은 사도 통 쓰지 않는다'라는 걸 사기 전에 떠올릴 수 있는 것이다.

어릴 때는 '잘은 모르겠지만 어쨌든 옷에 신경 쓰는 게 좋을 것 같아……'라고 생각해 다양한 옷을 사보곤 했다. 하지만 어느 순간 내가 옷에 흥미가 없다는 사실을 깨달았다. 애초에 나란 인간은 매일 똑같은 옷을 입고 다녀도 별로 신경 쓰이지 않는 사람이었던 것이다. '매일 같은 옷을 입고 다녀도 괜찮네'라고 생각하자마자 마음이 홀가분해져서 그 후로는 거의 매일 여름에는 티셔츠, 겨울에는 파카만으로 살아가고 있다.

다른 사람 눈에 어떻게 보일까 하는 문제도 '내가 신경 쓰는 것만큼 다른 사람들은 나를 주시하지 않는다'라는 생각이 들자 이후로는 개의치 않게 되었다. 신발도 발만 편하면 그만이라 몇 년이나 같은 신발을 신다가 해지면 또 같은 신발을 산다. 컴퓨터도 인터넷이 되고 글을 쓸 수 있으면 충분해서, 요새는 2만 엔대에 살 수 있는 저렴한 물건을 써도 불만이 없다.

그런 식으로 내 생활에서 필요 충분한 것들을 파악해두면 딱히 물욕이 생기지 않아 물건을 사지 않게 된다. 쓰던 물건이 고장 나면 같은 것을 다시 사는 게 쇼핑의 전부다.

물론 광고를 보거나 쇼핑몰, 가전제품 매장에 가서 신제품을 보면 살짝 사고 싶은 마음이 들 때도 있다. 하지만 그런 순간일수록 냉정하게 생각해보면, 눈으로 보아야만 소유욕이 생기는 물건들은 실제로 딱히 없어도 상관없는 물건이다.

오늘날에는 인간의 욕망을 교묘하게 부추겨 어떻게든 물건을 사게 하는 기술이 엄청나게 발달해 있다. 물건을 파는 프로들은 온갖 방법을 동원하여 나를 현혹한다. 광고나 쇼핑몰에 휘둘리다 보면 어느새 필요 없는 물건들이 잔뜩 쌓여 내 시간과 공간을 잡아먹고 있는 것을 발견하게 된다. 이 글을 읽는 누구라도 이런 경험으로 후회해본 적이 있을 것이다.

애초에 광고에서 시선을 피하고 쇼핑몰에 가지 않으면 무언가를 사고 싶다는 욕망이 일어나지 않으며, 그런다고 해서 실생활에는 아무런 문제가 없다.

물론 인간은 때때로 돈을 쓰고 싶어질 때가 있다. 쇼핑의 즐거움을 완전히 부정하는 것은 아니다. 다만 어떻게든 지갑을 열게끔 하는 수법에 매번 너무 휘둘리지 말자는 것이다.

나는 '때때로 돈을 낭비하는 즐거움'에는 그 금액이 절대적으로 많고 적음을 떠나 평소의 씀씀이와 얼마나 큰 간극이 있느냐가 중요하다고 생각한다. 천 엔짜리 물건을 일상적으로 사는 사람은 만 엔짜리 물건을 사는 것만으로도 기분이 좋아지지만, 만 엔짜리 물건을 일상적으로 사는 사람은 기분이 좋아지려면 십만 엔짜리 물건을 사야 한다는 것이다.

생각보다 아무도 당신을 신경쓰지 않는다

술을 마실수록 알코올에 강해져서 취하려면 더 많은 술을 마셔야 하는 경우와 마찬가지다. 만족할 수 있는 역치가 점점 높아지는 것이다.

문제는 십만 엔짜리 물건을 샀다고 만 엔짜리 물건의 열 배로 만족도가 높아지느냐 하면, 또 대체로 그렇지 않다는 사실이다. 고작 두 배에서 세 배 정도 높아질까?

그렇게 생각하면 평소 비싼 물건을 일상적으로 사는 생활은 가성비가 그리 좋지 않다고 할 수 있다. 나는 평소 돈을 별로 쓰지 않으니 가끔 기분 전환을 하고 싶을 때는 편의점에서 비싼 아이스크림을 산다거나 껌을 한 번에 두 개를 씹는 것만으로도 조금 사치를 부린 듯한 기분이 든다.

평소 소비 수준을 높이면 '낭비하는 즐거움'을 얻는 데 더 많은 돈이 필요해진다. 따라서 평소에 저렴한 물건들로 적당히 살아가다가, 가끔 '작은 사치'를 누리는 삶. 이게 더 효율적이지 않을까. 돈을 많이 쓰는 일에 익숙해지면 씀씀이는 점점 커져서 돌이킬 수 없게 된다. 많이 소비하는 일에 너무 익숙해지지 않도록 하자.

LIST 2 □ 돈으로 해결하지 않는다

KEYWORD ◐ 돈과 시간의 호환성

당신은 돈을 벌기 위해 일하고, 일하면서 스트레스를 받고, 또 그 스트레스를 풀기 위해 돈을 쓰고 있지는 않은가. 행복한 생활을 위해 일을 하는 것이 아니라 생활을 희생해 겨우겨우 일을 하고 있는 게 아닌가.

회사에 다니던 무렵 나는 그런 부조리한 악순환에 빠져 있는 듯한 기분이 들었다. 매일 일하면 돈을 벌지만 그 대신 피로가 쌓이고, 그 피로를 풀기 위해 마사지를 받으러 가거나 맛있는 음식을 먹으며 돈을 써버린다. 스트레스 해소라는 명목으로 물건을 사거나 어딘가에 놀러 가면 또 돈이 든다.

왠지 그 모든 일이 의미 없이 쳇바퀴만 굴리는 것 같다는 느낌이 들었다. 쳇바퀴는 굴리면 제자리지만 시간은 멈추지 않고 흘러가고, 나는 그사이 나이만 먹고 있다는 생각에 초조해졌다.

일을 마치고 집에 돌아오면 밥을 지어 먹을 힘이 없어 외식만 하고, 스트레스 해소를 위해 치킨이나 피자 같은 정크 푸드만 먹으니 건강에도 좋지 않다고 느꼈다.

이럴 바에는 일을 덜 해 돈은 못 번다고 하더라도, 매일 시간 여유가 있는 생활을 영위하는 편이 건강하고 행복한 삶이지 않을까. 그렇게 생각했고, 나는 회사를 그만두었다. 그 선택은 지금도 틀리지 않았다고 생각한다.

돈과 시간에는 호환성互換性이 있다. 돈이 없어도 시간에 여유가 있으면 그 부족분은 상당히 채워지기 마련이다. 회사에 다닐 때는 시간이 부족한 만큼 빠르게 결과물을 얻기 위해 돈을 훨씬 더 쓰게 된다.

산책도 할 겸 느긋하게 저렴한 물건을 파는 슈퍼에 쇼핑을 갔다 와서 내 손으로 요리하면 싸고 맛있으면서도 건강에 좋은 음식을 먹을 수 있다. 외식을 하면 다양한 음식을 먹을 수 있을 것 같지만 매일 먼 곳에 있는 식당까지 찾아가지 않는 이상 이동 범위 내에서 결국 늘 비슷한 메뉴를 먹게 될 뿐이다. 돈을 많이 쓰고도 건강에 좋지 않고, 지겨운 메뉴를 반복해서 먹어야 한다면 그 식사는 생존을 위해 끼니를 때우는 것

외에는 어떤 의미도 없다.

책과 음악 같은 오락거리도 조금만 더 수고를 들여 헌책방이나 도서관 같은 곳을 다니며 발품을 팔면 굳이 돈을 쓰지 않더라도 즐길 만한 것들을 쉽게 찾을 수 있다. 헌책방에서 많은 사람들이 읽지 않았을 것 같은 특이한 책을 '발굴'하는 재미도 쏠쏠하다.

인터넷을 뒤지면 언제든 공짜로 읽거나 볼 수 있는 콘텐츠가 차고 넘친다. 스마트폰 게임 중에도 무료로, 또는 기껏 몇백 엔 남짓 지불하면 몇 시간이나 몰두할 수 있는 게임이 많다. 친구를 만나러 갈 수도 있고 집에 불러서 같이 게임을 할 수도 있으며, 함께 밥을 먹고 어슬렁거리며 잡담을 나눌 수도 있다. 이 모든 것을 하는 데 특별히 돈을 쓸 필요가 없다.

나는 회사원으로 지낼 때보다 무직이 되고 나서 친구가 더 늘었다. 아마 기본적으로 내 체력이 남들에 비해 떨어져서겠지만 회사원일 때 나는 평일에 일을 마치면 피곤해서 다른 약속을 잡을 기운이 도저히 안 났다. 주말에는 하루 온종일 누워 지내며 밀린 잠을 보충하거나 평일에 미뤄두고 쌓인 집 안일을 해치우지 않으면 기본적인 일상이 돌아가지 않는 느낌이었다.

일을 관두고 나서야 다른 사람을 만날 기회가 압도적으로 늘었고, 그러면서 제대로 된 인간관계를 형성할 수 있게 됐다. 나에게는 돈보다 시간이 중요했다.

물론 에너지가 넘쳐나는 사람 중에는 많이 일하고, 많이 벌고, 많이 쓰는 화려한 하루하루를 영위하는 이도 있을 것이다. 그런 삶을 추구하는 사람도 많을 테고, 그럴 수 있는 사람은 그러면 된다.

하지만 세상에는 그럴 수 있는 사람만 있는 것은 아니다. 나처럼 체력이 부족한 사람은 돈이 없더라도 느긋하게 요리를 하고, 산책을 하며, 친구와 한가하게 잡담을 나누는 시간적 여유가 넘치는 삶을 추구하는 편이 맞다.

체력이 넘치는 사람이든 부족한 사람이든, 사치를 좋아하는 사람이든 수수한 사람이든 저마다 자신에게 맞는 삶의 방식을 자유롭게 취할 수 있는 사회가 건강한 사회일 것이다. 눈이 핑핑 돌 만큼 빠르게 발전하는 사회의 속도에 휘둘리지 말고 내 속도에 맞는 삶의 방식을 찾아보자.

LIST 3 □ 월세를 내지 않는다

KEYWORD ◐ 다양한 삶의 방식

현대 사회에서 살아가려면 꼭 필요한 비용 중 제법 높은 비율을 차지하는 것이 바로 월세일 것이다. 월세를 적게 낼수록 그만큼 돈과 노동에 쫓기지 않아도 된다.

'돈이 없어도 최소 눈 붙일 장소만 보장되면 좋을 텐데' '결국 이 사회에는 땅을 많이 보유한 사람이 가장 힘이 센 걸까' 하는 생각이 들 때도 있다. 하지만 아무리 떠들어댄들 바뀌지 않으니 어느 정도 월세를 내는 것은 어쩔 수 없을 일이다.

다만 월세를 제로로 만들기는 어려워도 줄일 수는 있다. 가장 효과적인 방법은 지극히 당연하지만 '집의 수준을 낮추는' 것이다. 《20대에 은거隱居-주휴 5일의 쾌적 생활》이라는 책을 쓴 오하라 헨리大原扁理 씨는 도쿄 다마 지구에 위치한 역에서 제법 떨어진 월세 2만 8천 엔짜리 집에서 살면서 일주

일에 두 번만 일해도 되는 삶을 실현했다고 한다. 그런 마음가짐이랄까, 방향성에 대해 긍정적으로 평가하고 싶다.

개인적으로는 한 살이라도 젊을 때 낡은 집에서 살아보면 그런 공간에 대한 내성이 생기므로 바람직하다고 생각한다.

나는 대학생 시절 사람들이 폐가로 착각할 법한 낡은 학생 기숙사에 살면서 상당히 단련됐다. 그 기숙사에는 냉난방기가 없어서 여름에는 혹서와, 겨울에는 극한과 싸워야 했다. 게다가 4인 1실이라 좁다란 2층 침대에다 몸을 욱여넣은 것처럼 지내야 했다.

기숙사 생활은 비록 그전까지 살던 본가보다 환경은 열악했지만 나는 그 기숙사 생활을 통해 '아, 인간은 이 정도 수준에서도 대수롭지 않게 살 수 있구나'라는 깨달음을 얻었다. 그리고 '나처럼 게으른 사람한테는 이 정도 생활이 어쩌면 안성맞춤일지도 모르겠다'라는 생각도 들었다. 그 후 어디로 이사를 가도 '대학 시절 그 기숙사보다는 쾌적하다'라고 생각하면 별 불만이 생기지 않았다.

나는 지금도 친구들과 집 한 채를 공동으로 빌려 셰어하우스 생활을 하고 있다. 월세는 2만 엔에서 4만 엔이면 끝이다. 집 같은 건 비바람을 피해 눈만 붙일 수 있으면 족하니, 집착할 이유가 없다. 주거 환경이 쾌적한지 아닌지 고민하기에 앞서, 집 유지비 때문에 더 일해야 하는 현실이 훨씬 괴롭다.

집이 아무리 좁아도 가까운 곳에 공원, 개천 옆 산책로, 도서관, 목욕탕, 친구 집, 맛있는 백반집 등 저렴하게 드나들 수 있는 곳이 있다면 집이 어떠하든 크게 상관없다. 어차피 좋은 집에서 지내도 일을 하거나 친구를 만날 때면 카페나 도서관 등 밖에서 시간을 보내는 일이 많지 않은가.

월세를 줄이려면 시골의 빈집을 빌리는 방법도 있다. 현대 일본의 지방은 과소화^{過疎化}(인구의 급감으로 인해 지역사회의 기능이 저하되며 주민 생활수준의 유지가 곤란한 현상 옮긴이)가 진행 중이라 빈집이 많고, 과소화가 극심한 곳은 월 몇만 엔에 단독주택을 빌릴 수 있는 경우도 있다. 심지어 '살아만 주면 공짜도 상관없다' 같은 말조차 들린다. 나도 와카야마^{和歌山} 현 산골짜기에 위치한 지인의 집을 월 5천 엔에 빌려 가끔 놀러 가곤 한다.

다만 시골에 있는 집은 돈을 낸다고 누구든 빌릴 수 있는 것은 아니다. 시골은 지역사회의 결속성이 강해서 그 지역 사람과 자주 교류하며 개인적인 신용을 얻을 필요가 있다. 그 점이 조금 성가시긴 하다.

다른 사람과의 교류를 되도록 피하고 싶다면 시골의 아무것도 없는 황량한 땅을 싸게 사들여 오두막을 지어서 사는 방법도 있다. 이와 관련해서는 다카무라 도모야高村友也 씨의 책 《B 라이프-10만 엔으로 집을 지어 생활하다》와 같은 책을 참조하길 바란다. 다만 이럴 경우에는 전기나 수도 같은 인프라가 갖춰지지 않은 곳에서 살게 되니 그런 것들을 스스로 해결해야 한다. 일정 수준의 생존 능력이 필요하다.

요즘 오두막을 지어서 생활하는 젊은이가 점차 늘어나 오두막 생활을 주제로 한 블로그도 많이 생겼다. 시골에 살면서 수입원을 확보할 수만 있다면 그런 생활도 고려해볼 만하지 않을까.

나도 이따금 빈털터리가 되고 다른 사람과의 교류도 못 견딜 만큼 성가셔진다면 산골짜기에 오두막이라도 지어서 살아야겠다고 생각하곤 한다. 그런 생각은 실제로 실행하지 않아도 '때가 되면 그런 삶도 가능하겠어……' 하고 떠올리는 것만으로 마음의 부적 같은 존재가 된다. 사회가 만들어놓은 시스템에서 벗어난다고 해서 인생은 끝나지 않는다. 삶의 방식이라는 개념의 폭을 넓혀두면 마음에 여유가 생긴다.

그러기 위해서라도 다양한 삶의 방식을 직접 시도해보고, 때론 나와는 다른 삶의 방식을 택한 이들과 만나 이야기를 나눠보자.

CHECK! 오하라 헨리, 《20대에 은거 - 주휴 5일의 쾌적 생활》, K&B퍼블릭
다카무라 도모야, 《B 라이프 - 10만 엔으로 집을 지어 생활하다》, 히데카즈 시스템

LIST 4 □ 독점하지 않는다

KEYWORD ⊙ 열린 문

내가 뭔가 새로운 일을 시작할 때 유념하는 사항이 두 가지 있다. 그것은 '내가 하고 싶은 일을 내 속도로 한다'라는 것과 '밖을 향해 문을 살짝 열어둔다'라는 것이다.

이를테면 셰어하우스를 만드는 일이 그랬다. 셰어하우스를 만든 이유는 '혼자 살기는 쓸쓸하니 사람이 자연스럽게 모일 만한 집이 있으면 좋겠다'라는 개인적인 동기에서 시작됐지만, 셰어하우스가 완성된 후 누구나 부담 없이 올 수 있는 분위기를 조성하여 되도록 다른 사람들과 함께 공유하고 있다. 혼자 사는 것보다 그 편이 세계가 넓어져서 즐겁기 때문이다.

컴퓨터와 인터넷을 좋아하는 사람이 모이는 셰어하우스 '긱 GEEK 하우스'는 내가 만든 이후 전국 각지로 퍼졌다. 다양한 이들이 다양한 곳에서 독자적인 긱하우스를 만들었고, 지금은 일본 전역에 스물 몇 곳 정도 있다.

블로그도 비슷한 동기로 시작했다. 블로그라고 해도 다양한 종류가 있고 상업적인 목적으로 자극적인 화제만 올려서 방문객을 끄는 블로그도 상당수지만, 나는 기본적으로 내가 좋아하는 것과 흥미 있는 분야에 대해서만 쓴다. 쓰고 싶지 않을 때는 몇 개월 동안 아무 글도 올리지 않을 때도 있다.

블로그 제목을 'pha의 일기'라고 지은 이유도 '이것은 어디까지나 내가 개인적으로 쓰는 일기이니 좋아하는 것만 쓰고 귀찮아지면 갱신하지 않을 거야'라는 취지가 담겨 있다. 어디까지나 나를 위해 쓰지만 '노트 같은 데다가 써서 혼자 읽는 건 재미없으니 인터넷에 공개해서 사람들의 반응을 본다'라는 느낌이랄까.

그런 식으로 어깨에 힘을 빼고 글을 쓰다 보니 처음에는 가까운 지인 몇몇이 읽는 블로그였는데 어느새 재미있다며 반응해주는 독자가 늘었고 급기야 책까지 내게 됐다.

나는 벌써 15년간 블로그를 운영 중이고 8년간 셰어하우스에서 살고 있지만, 그렇게 오랫동안 지속할 수 있었던 건 '내가 하고 싶은 것을 무리가 가지 않는 선에서 한다'라는 기본 규칙을 지키고 있어서다. '돈을 벌기 위해서'라거나 '사회에 도움이 되어야겠다' 같은 동기였다면 아마 1년도 채 못 가 지쳐서 그만뒀을 것이다.

어떤 분야에서든 기본적으로 뭔가를 오랫동안 지속하는 사람에게는 모두 그런 측면이 있을 것이다. 사회에 도움이 되는 자원봉사 같은 행위를 하는 사람도 '공익을 위해서'라거나 '어려운 누군가를 도와야겠다'라는 식의 공리를 위한 당위적인 동기뿐만 아니라 '동료를 만나는 게 즐겁다'라든지 '가만히 있는 게 불편해서 어디든 나가고 싶다'와 같은 개인적인 동기가 작용하고 있을 것이다.

뭐든 숭고한 이념만으로 오래 이어갈 수는 없는 법이다. '인기를 얻고 싶다' 같은 사적인 동기로 뭔가를 열심히 하는 게 뭐가 어떤가. 그것은 인간의 천성이자 무언가를 실행하게 만드는 강력한 동기이기도 하다.

좋아하는 일을 내 속도로 하는 것, 그리고 누구든 부담 없이 찾아올 수 있도록 밖을 향해 문을 살짝 열어두는 것. 그러다 보면 내가 딱히 보상을 원하지 않아도 자연히 다양한 것들이 내 주변에 모여든다.

나는 줄곧 '하테나 블로그hatena blog'라는 서비스에서 글을 쓰고 있는데, 그곳을 운영하는 주식회사 하테나를 만든 곤도 준야近藤淳也 씨가 자신의 블로그에 이런 글을 남긴 적이 있다.

"정보를 오픈하지 않으면 자신이 나아가는 속도 이상으로는 나아갈 수 없다. 그러나 일단 인터넷에 오픈하면 다양한 이들의 힘이 더해져 정보는 단숨에 몇 배로 증가한다. 인터넷에는 지능증식장치 같은 면이 있다고 생각한다."

지식이란 것은 물건보다 공유하기 쉽고, 인터넷은 저렴한 비용으로 지식을 공유하기 더없이 좋은 공간이다. 자신의 아이디어를 독점하는 데 그치지 말고 가능하면 인터넷에 공개하여 나누도록 하자.

LIST 5 □ 머리로만 생각하지 않는다

KEYWORD ● 인지의 왜곡

'방 안이 엉망진창인 사람은 머릿속도 엉망진창이다.' 흔히 그런 말을 하듯이 자신의 머릿속 상황과 주변 환경은 닮아 있기 마련이다. 주변을 깔끔하게 정리하려면 우선 머릿속부터 깔끔하게 정리하는 게 좋다. 지금까지는 소유물을 최대한 줄이는 방법을 위주로 기술했지만 이번에는 머릿속의 짐을 정리하는 방법에 대해서 다뤄보기로 한다.

자신의 생각을 밖으로 꺼내지 않고 혼자 머릿속에만 움켜쥐고 있는 것은 좋지 않다. 혼자 생각하다 보면 점점 뭐가 옳은지 그른지 불분명해지다가 애초에 뭘 하고 싶었는지조차 알 수 없어진다. 그러면서 사고가 극단으로 치우치게 되거나 벽에 가로막히기 십상이다.

인간의 기억과 인식이란 것은 원래 미덥지 못하다. 내가 눈치채지 못하는 동안 현실을 왜곡하여 인식해버릴 때가 많다.

과거의 기억도 좋았던 부분만 떠오르거나 자신에게 유리한 쪽으로 날조될 때도 있다. 그렇게 인식과 사고가 한쪽으로 치우치지 않게 하려면 사고를 머릿속에서만 이리저리 굴릴 게 아니라 가끔 밖으로 내보내는 것이 좋다.

그 방법 중 하나는 '종이에 적기'이다.

우울증 치료법 중에 '인지 요법'이라는 것이 있다. 우울증에 걸리면 '난 안 돼' '난 아무것도 못 해' '이제는 끝이야' '눈앞이 캄캄해'라는 식으로 모든 일을 부정적인 관점에서 보게 된다. 하지만 우울증 때문에 사고가 한쪽으로 치우쳐졌을 뿐 실제로 그렇게 절망적인 상황에 놓인 것은 아니다.

그런 '인지 왜곡'을 냉정하게 바로잡기 위한 방법이 바로 '인지 요법'이다. '인지 요법'의 기본은 간단하다. 자기 생각과 기분 등을 종이에 적는다. 단지 그뿐이다.

머리로만 생각하면 부정적인 사고로 뒤엉켜 빠져나올 수 없게 되지만, 머릿속 생각들을 종이에 적어 밖으로 꺼내면 사안을 좀 더 객관적으로 볼 수 있게 되고, 그 안에 '인지 왜곡'이 얼마나 작용해 있는지 깨달을 수 있다. '인지 왜곡'의 주된 사례는 다음의 표와 같은 패턴으로 나뉘어 있다(여기서는 개요만 다루기에 관심 있는 사람은 인터넷 등에서 조사해보기를 바란다).

'인지왜곡'의 열 가지 패턴

❶ 모 아니면 도
조금 실수했을 뿐인데 '이제는 전부 틀렸어'라고 생각한다

❷ 극단적인 일반화
좋지 않은 일이 한 번 생겼을 뿐인데 '난 항상 이래'라고 생각한다

❸ 마음의 필터
좋은 면과 나쁜 면이 있는데 나쁜 면만 눈에 들어온다

❹ 부정적 사고
칭찬을 들어도 '어쩌다 재수가 좋아서지' 혹은 '날 뭘 안다고 그런 소리를 해'라며 부정적으로 받아들인다

❺ 논리의 비약
타인의 행동 하나하나를 근거 없이 나쁜 쪽으로 연관 지어 생각한다

❻ 과대평가와 과소평가
자신의 결점과 실수를 실제 이상으로 크게 받아들이고 자신의 장점과 성공을 실제보다 작게 생각한다

❼ 감정적인 단정
'이렇게 불안하니 실패할 게 틀림없다'처럼 감정적으로 모든 것을 단정 짓는다

자신의 생각을 글자로 적어 다시 읽어보고 그 안에서 '인
지의 왜곡'을 제거해보자. 그랬을 때 '너무 비관적이었나'
'그런 일까진 내가 어쩔 수 없잖아'라는 식으로 마음이
가다듬어지면서 조금이나마 긍정적인 사고가 생긴다.

인지 요법은 우울증 치료법이지만 우울증이 아닌 사람에게
도 도움이 된다. 곤란할 때나 고민에 빠졌을 때, 망설여질 때
머릿속 생각을 글자로 적어보면 마음이 편해져 해결법을 찾
기도 한결 쉽다. 일기를 쓰거나 블로그 작성을 습관화하는 것
도 좋은 방법일 수 있다.

또 다른 사고의 아웃풋 방법으로 '다른 사람에게 털어놓

기'가 있다. 혼자 할 수 있는 일에는 역시 한계가 있기 마련이다. 종이에 적어 다시 읽어봤는데도 힘들다고 느껴질 때면 무엇이 옳고 그른지, 뭘 어떡해야 좋을지 판단이 잘 안 서기 마련이다. 그럴 때는 다른 사람에게 털어놓고 의견을 듣는 것도 방법이다.

마땅히 이야기 나눌 상대가 없을 때는 인터넷에 글을 올리면 된다. 블로그에 적어도 좋고 이름을 밝히고 싶지 않을 때는 익명 게시판이나 익명 Q&A 사이트를 이용할 수도 있다.

연애에 대한 고민 같은 것이 전형적인 경우다. 문제의 중심에 놓여 있는 당사자에게는 더없이 특별하고 절실하고 극적인 고민일지라도, 문제의 바깥에 있는 사람의 눈으로 보면 그냥 흔한 이야기일 수 있는 것이다. 인터넷 세상 속 모르는 사람의 의견일지라도 의외로 제3자의 냉정한 시점에서 바라본 조언을 얻을 수가 있어 도움이 되기도 한다.

인터넷 익명 사이트를 보면 온갖 사람들이 토로하는 각양각색의 구구절절한 고민들로 넘쳐난다. 그 고민들을 읽다 보면 세상에는 참으로 다종다양한 인생이 존재하고 누가 봐도 정답은 뻔히 나와 있는데도(이를테면 가정 폭력을 일삼는 배우자가 있다면 하루빨리 벗어나는 게 마땅하지 않은가) 본인이 그 문제의 한가

운데 놓여 있으면 어떻게 해야 할지 모르는구나 싶다. 이것도 일종의 간접 경험을 통한 공부인 셈이다.

그럼에도 역시 가장 이상적인 경우는 가까이 있는 친구의 의견을 듣는 것이다. 친구란 기본적으로 나와 비슷한 가치관을 공유하지만, 조금 다른 관점에서 내게 의견을 들려줄 수 있는 사람이다. 그렇기에 상담할 친구는 많을수록 좋다. 친구가 한 명뿐이라면 그 친구의 의견이 이상하다고 느껴질 때 내가 틀렸는지 상대가 틀렸는지 판가름할 수 없기 때문이다. 여러 명의 의견을 들을 수 있으면 '객관적으로 보면 이렇구나'라는 것을 대략 가늠할 수 있다.

내가 뭔가 잘못된 판단을 하고 있으면 "그건 좀 잘못되지 않았어?"라고 내게 조언해줄 친구를 만드는 데 시간을 아끼지 말자.

LIST 6 □ 읽는 것만으로 끝내지 않는다

머릿속을 말끔하게 정리하기 위해서는 애초에 학습하는 방법부터 제대로 정립하는 것이 좋다. 우리는 끝없는 정보의 홍수 속에서 살아간다. 비단 인터넷뿐만이 아니라 매일 새로 쏟아져 나오는 책만 해도 어마어마한 양이다. 하지만 이렇게 범람하는 지식을 받아들이고 정리하는 자신만의 방법이 없다면 이것들이 어느 순간 짐이 되어 내 생활을 짓누르게 된다.

공부하는 법을 익혀두면 장차 뭔가를 배울 일이 생길 때 힘들지 않다. 나도 학교에서 억지로 시켜서 외운 것들은 거의 잊어버렸지만 공부하는 법과 배움의 즐거움을 익힌 것은 지금도 살면서 제법 도움이 된다.

모르는 것이 생겼을 때 스스로 조사하는 습관을 기르면 나중에 어떻게든 도움이 된다. '중·고등학교에서 배우는 수학, 고전 같은 과목은 사회에 나가봐야 아무 쓸모없어'라고 여기는 사람이 꽤 많다. 하지만 학교에서 하는 공부의 중요한 의미는 바로 '스스로 뭔가를 조사하여 지식을 습득하는 연습'을 한다는 점이다.

나는 평소 주로 책과 인터넷을 통해 끊임없이 글을 읽고 원고지나 블로그에 글을 쓴다. 애초에 책만 있으면 심심할 게 없는 사람이라 읽기와 쓰기 모두 단순한 취미에 불과했지만, 요즘은 절반쯤 일이 된 느낌이다. 글을 쓰려면 역시 많은 문장을 읽어야 한다. 책 한 권을 쓰려면 그 밑바탕에는 백 권 남짓한 독서량이 필요하다는 걸 깨닫는다. 머릿속에 입력된 수많은 정보를 나만의 방식으로 음미하고 되뇌는 과정 속에서 결과물이 나오는 것이 아닐까.

읽고 싶은 책을 전부 사려면 돈이 부족하니 대개는 도서관에서 빌려서 본다. "도서관에서 빌린 책을 다시 읽고 싶어지면 어쩌죠?"라는 질문을 받기도 하는데, 그럴 때는 도서관에서 또 빌리면 그만이다. 어차피 집에 책을 둘 수 있는 서가의 수도 한계가 있으니 도서관을 나의 서가로 이용하면 된다.

혹은 도서관에서 빌려서 다 읽은 후 '이 책은 옆에 두고 정기적으로 다시 읽고 싶다'는 마음이 들거나, '이 책은 내 취향에 딱 맞아서 정말 소장하고 싶다'라는 확신이 들 때면 그 책을 서점에서 살 경우도 있다. 물론 그런 책은 백 권에 한 권 정도지만.

책을 읽어도 그걸로 끝나면 인간은 금세 잊어버리기 마련. 그런 만큼 되도록 메모를 한다. '나중에 내용을 다시 볼 수 있다'라는 메모의 효용도 있지만 '손을 움직여 메모하면 기억에 잘 남는다'라는 효과도 대단히 중요하다.

메모하는 법은 책의 중요도에 따라 네 종류로 나뉜다.

❶ 중요도: 없음

우선 별로 재밌지 않은 책일 경우다. 이런 책은 내용을 잊어버려도 상관없으니 따로 메모하지 않는다.

그러나 '이번 달은 책을 이만큼 읽었구나' 하고 독서량을 확인하며 자기만족을 얻을 목적으로 독서 기록 사이트에 책 제목만 등록해둘 때도 있다.

❷ 중요도: 낮음

책 속에 몇 군데 흥미로운 부분이나 인상 깊은 구절이 있을 경우. 그럴 때는 독서 기록 사이트에 등록할 때

흥미로웠던 부분도 같이 인용해서 등록한다.

그렇게 해두면 나중에 그 책에서 확인하고 싶은 대목을 찾아 읽고 싶어질 때 굳이 책을 처음부터 다시 읽지 않아도 금세 참고할 수 있다.

책 속의 한 줄만이라도 메모해두면 그 문장을 보는 것만으로 연쇄적으로 책 내용을 어느 정도 떠올릴 수 있으니 효과가 뛰어나다.

❸ 중요도: 보통

책 내용이 전반적으로 흥미로워서 몇 군데 인용만으로 부족할 경우. 이럴 때는 그 책에서 포착한 요점을 나름대로 정리해 평소 쓰는 블로그가 아닌 별도의 독서 기록용 블로그에 메모해둔다.

이 독서 기록용 블로그는 메모 내용도 맥락 없이 제각각이라 다른 사람은 읽어도 무슨 말인지 이해하기 힘들다. 하지만 애초에 누군가가 읽어주기를 바라서 쓰는 블로그가 아니기에 내가 다시 읽었을 때 책의 재미를 재현할 수 있으면 그만이다.

다른 사람에게 보여주지 않을 거라면 딱히 인터넷에 공

개하지 않고 개인 컴퓨터에 기록해둬도 무방하지만 블로그에 적어두면 '어디에 적었는지 기억나지 않을 때 검색 사이트에 책 제목과 내 이름을 검색하면 바로 찾을 수 있다'라는 점, 그리고 '웹사이트에 남겨두면 불의의 사고로 컴퓨터 데이터가 사라져도 남는다'라는 이점이 있다.

④ 중요도: 높음

무척 좋은 책이라 꼭 다른 사람에게 소개하고 싶다거나 다 읽고 이런저런 생각해볼 거리가 많은 책일 경우. 블로그나 트위터에 책에 대한 감상을 적어 공개한다.

이때는 전혀 모르는 사람이 읽어도 책의 진가가 느껴지도록 공을 들여 설명한다.

다른 사람에게 설명해야 하는 상황을 의식하면 책의 재미와 가치를 알기 쉽게 언어화해야 하니 책에 대한 자신의 이해도도 깊어진다.

비단 책 소개뿐 아니라 블로그 기사나 매체에 글을 쓸 때는 '내 이해도를 높이고 싶어서 쓴다'라는 측면이 있다. 머릿속에 '이건 어쩌면 이런 내용 아닐까?' 하고 모호한 형태로 뭉뚱그려진 생각을 언어화를 통해 종이에 글자로 남기는 작업 자체도 즐겁고, 무엇보다 그런 식으로 기록을 하고 나면 머릿속이 정리된 느낌이 들어 개운하다.

요즘은 언제 어디서든 인터넷에서 검색하면 뭐든 찾을 수 있는 시대이니 그저 뭔가를 알고 있다는 것만으로는 별 의미가 없다. 알고 있는 것을 얼마나 자기 것으로 만들어 생명력 있는 정보로 활용할 수 있는지가 중요하다.

그리고 단순한 정보를 완전히 내 것으로 만들려면 다른 사람의 눈을 의식해 글을 써보는 것이 가장 효과적인 방법이다. 뭔가를 익히고 싶다면 궁금한 부분을 스스로 찾아보고 블로그 등에 나만의 언어로 설명해보자.

LIST 7 □ 디지털에 의지하지 않는다

최근 들어 '소유물을 최대한 줄이겠다'라는 생각에 '책 같은 건 전부 전자책으로 보면 돼! 모조리 디지털화하자!'라는 사람이 제법 늘고 있다.

디지털은 디지털 나름대로 편하지만, 나는 책은 종이책으로 읽는 편을 선호한다. 종이책이 머릿속에 더 잘 남기 때문이다. 딱히 내용을 자세히 기억할 필요 없는 만화나 소설은 전자책으로 읽어도 좋다. 그러나 페이지를 앞뒤로 넘기면서 자연스럽게 다양한 질문들을 불러일으켜 사색하게끔 하는 독서에는 역시 종이책이 좋다. 종이로 읽은 내용이 기억에 더 잘 남는 이유는 '책을 손에 들고' '책장을 넘기고' '종이의 감촉을 느끼는' 것 같은 비언어적 자극이 동반되기 때문이다. 신체를 활용한 경험은 기억에 더 오래 남는다.

정보라는 것은 비언어적이고 감각적인 요소와 연결해야 외우기 쉽다. 기억법, 암기법 등에서도 외워야 할 정보와 색, 소리, 그림 등을 연결하면 보다 더 잘 기억된다는 것이 정설이다.

학창 시절을 돌이켜보면 아마 많은 사람들이 비슷한 경험이 있을 것이다. 유명한 노래의 가사를 바꿔 중국 역대 왕조를 외운다거나 말장난을 만들어서 주기율표나 영어 단어를 외웠던 경험 말이다.

마찬가지로 책을 읽을 때도 책의 무게를 느끼고, 책장을 넘기고, 포스트잇을 붙이고, 밑줄을 긋고, 책장 끄트머리를 접는 식으로 정보에 나만의 '색'을 입히는 과정은 디지털이라는 가상의 공간에서 행해지는 것보다 실제 물리적인 행위가 이루어졌을 때 훨씬 효과적이다.

업무 리스트나 쇼핑 품목 같은 것도 컴퓨터나 스마트폰에 메모하는 것보다 메모지나 포스트잇에 펜으로 적는 편이 머릿속에 더 잘 들어온다. 그리고 과업을 하나 마치면 펜으로 줄을 죽 그어 지우거나 메모지를 꾸겨서 버리면 성취감과 개운함도 느낄 수 있다.

전자책이 편리한 것은 분명하다. 실제 서점까지 발걸음을 옮기거나 인터넷 배송을 기다릴 필요도 없이 클릭 한 번으로 데이터를 바로 내려받아 읽을 수 있는 편의성 때문에 나도 가끔 이용한다.

그러나 평소에 잘 가지 않는 대형 서점에 가서 보고 싶었던 책을 찾아 구입한 뒤, 돌아오는 전철 안에서 책을 펼쳐 읽는 것과 같은 일상에서 살짝 벗어난 '체험'과 책 내용을 연결하면 머릿속에 오래도록 남는 효과가 있다.

나는 디지털과 아날로그 정보 도구를 다음과 같이 분류해 쓰고 있다.

● **디지털(컴퓨터 데이터)**

잊어버려도 상관없는 정보는 디지털을 이용한다. 소설처럼 즐기려고 읽는 책이나 딱히 외우지 않아도 필요할 때마다 찾아보면 되는 정보 등이다. 메모 같은 것도 컴퓨터나 클라우드 서비스에 적당히 저장한다. 핵심은 '잊어도 상관없지만 검색하면 나오도록' 한다는 것이다.

● **아날로그(종이책이나 노트 등)**

단순히 아는 것으로 그치지 않고 지식과 정보를 내 것
으로 만들어 자유자재로 활용하고 싶을 때는 종이책으
로 읽는다. 뭔가 외우고 싶은 부분이 있거나 깊이 생각
하고 싶을 때는 종이에 펜으로 적으면서 읽는다.

글을 쓸 때 마지막에는 컴퓨터로 쓰지만 처음 아이디어를
떠올리거나 대략적인 이미지를 정리하는 단계에서는 종이와
펜을 이용한다. 처음에는 단편적으로 떠오른 생각을 일단 큰
종이에 빽빽이 적는 것부터 시작한다.

디지털 도구보다 손으로 직접 쓰는 편이 글자의 색과 크기
를 바꾸거나 단어를 상하좌우로 배치하거나 글자만이 아닌
화살표 등의 기호를 넣는 것처럼 다양한 형태로 정보에 나만
의 '색'을 입히기 쉬워서다. 인간의 뇌는 금세 자극에 익숙
해지므로 색과 형태 등을 이용해 최대한 단조롭지 않도
록 정보를 입력하는 것이 중요하다. 나중에 다시 떠올릴
때 '미끼'가 될 법한 요소를 많이 채워두는 것이다.

인터넷에서 검색하면 금방 알 수 있고 누구든 손에 넣을
수 있는 무색무취의 중립적인 정보에는 의미가 없다. 정보를

자기 방식으로 가공하여 얼마나 자기만의 의미를 담은 결과물을 만들 수 있는지가 중요한 것이다.

다양한 작은 아이디어들을 하나로 묶어 새로운 무언가를 만들어낼 만한 '발상'을 얻기 위해서도 색과 도형, 배치 등 비언어적 요소를 최대한 활용하는 편이 좋다. 적어도 현시점에는 그런 창조성을 발휘하려고 할 때 컴퓨터보다 종이와 펜 같은 아날로그 도구를 쓰는 것이 편리하다.

나는 원고 준비로 노트를 활용할 때 떠오른 발상을 단순히 메모하는 것이 아니라 다음 그림처럼 '마인드맵'과 '3색 볼펜 정보 활용법', 'KJ법'(창안자 가와키타 지로의 이니셜에서 딴 카드 조작을 통한 아이디어 발상법 옮긴이)을 나름대로 조합해 색과 도형 등을 넣은 그림으로 정리한다.

이런 종류의 지적 생산을 위한 정보 활용법은 시중에 많이 나와 있으니 다양하게 시도해보고 자신에게 맞는 방식을 찾으면 생산성이 높아질 것이다.

나는 처음에 떠오른 아이디어를 노트에 손으로 써서 적고다 정리되면 컴퓨터에 입력하지만, 그렇게 입력해서 쓴 글을 퇴고할 때는 다시 인쇄해서 펜으로 수정한다.

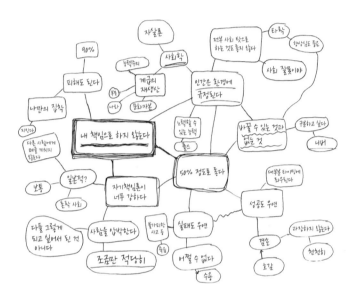

　인쇄하는 과정이 조금 성가시긴 해도 모니터로 글을 읽을 때보다 인쇄된 종이로 읽는 편이 원고의 전체상을 객관적으로 파악할 수 있고 세부적으로도 꼼꼼하게 수정할 수 있어 선호하는 편이다.

　문서 파일을 클라우드 서비스에 저장해 일부러 스마트폰으로 읽는 경우도 있다. 가끔 스마트폰의 작은 화면으로 글을 읽어보면 새로운 느낌이 들 때가 있기 때문이다. 컴퓨터, 종이, 스마트폰 등 보는 매체를 바꿔보면 시점이 조금씩 달라져서 발상이 넓어질 수 있고, 미처 못 보고 지나친 것을 발견하기도 쉽다.

뭔가를 떠올릴 때 어떤 방식이 맞는지는 사람마다 다르기 마련이니 다양한 시도를 통해 자신에게 맞는 방법을 찾아보자.

CHECK! 사이토 다카시, 《3색 볼펜 읽기 공부법》, 중앙books (국내 출간)

LIST 8 □ 과거에 연연하지 않는다

KEYWORD ○ 콩코드의 오류

며칠 전 프로 장기 중계를 보고 있는데 하부 요시하루¹¹生 善治
명인이 직전에 막 놓은 보˚를 즉시 포기하는 바람에 해설진이
놀라움을 금치 못했다. 보를 포기해버리면 보를 놓기 전 상황
으로 돌아가 '조금 전 둔 보는 잘못 둔 수입니다. 손해는 보겠
지만 다시 한 번 그전 상황으로 돌아가겠습니다'라고 직전에
내린 판단을 철회한다는 뜻이 되기 때문이다.

평범한 사람은 이런 수를 취하기 어렵다. 어떤 방침을 한 번
정하고 일을 진행한 뒤에는 자신의 결단이 틀렸다는 것을 인
정하고 싶지 않은 심리가 작동하기 때문이다.

하부 요시하루 명인은 그런 방침 전환이 결국 효력을 발휘
해 대국에서 멋지게 승리했다. 명인은 나중에 보를 버린 자
신의 수에 대해 "조금 부끄러웠지만 어쩔 수 없었다"라는 말
을 남겼다.

과거에 내린 자신의 판단과 그로 인해 소비한 에너지가 쓸 모없었다고 인정하기란 어려운 법이다.

그러나 잘못된 방향으로 계속 나아가기보다는 일찍 방침을 바꿔야 큰 피해를 보지 않고 끝낼 수 있다.

'콩코드의 오류'라는 말이 있다. 이는 콩코드라는 이름의 초음속 여객기를 개발할 당시 벌어진 실패에서 유래한 말이다. 콩코드는 영국과 프랑스가 공동으로 막대한 예산을 들여 개발한 초음속 여객기였지만 완성 전에 이미 '지속적인 이익을 보장할 수 없으니 개발을 중지하는 게 이득이다'라는 견해가 대두됐었다. 그러나 '지금껏 쏟아부은 자금과 노력이 모두 허사가 돼서는 안 된다'라는 이유로 개발은 계속되었고 결국 예측대로 여객기 사업은 상업적으로 실패했다.

주식 투자 등에서도 '손절매가 무엇보다 중요하다'라는 말을 자주 한다. 손절매란 주가가 계속 하락할 것이 예측되는 상황에서 손해를 감수하고 주식을 매입가격 이하로 파는 것을 의미한다. 사들인 주식의 주가가 하락했을 때 많은 이들은 자신의 선택이 틀렸음을 인정하고 싶지 않아서 '조금만 더 버티면 오를지도 몰라……'라고 생각하며 그대로 주식을 계속 들고 있기 일쑤다. 그러나 그런 선택이 더 큰 손해를 불러들일 때가 많다. 과감하게 손해를 두려워하지 않고 일찍 팔아버리는 것이 가장 현명한 선택인 것이다.

'콩코드의 오류'에서 볼 수 있듯이 빼어난 두뇌와 권력까지 지니고 있는 엘리트들이 참여한 프로젝트에서도 그런 실패가 나올 정도이니 우리같이 평범한 사람이 비슷한 실패를 범하는 것은 어쩔 수 없다는 생각도 든다.

하지만 그런 과거의 실패 유형을 파악해두면 자신이 또다시 비슷한 상황에 부닥쳤을 때 조금이라도 나은 선택을 하는 데 도움이 된다.

'콩코드의 오류'는 비단 인간만의 현상이 아니라 동물들의 세계에서도 나타난다고 한다. 동물도 힘들게 구한 먹이일수록 실제 이상으로 가치를 높게 평가하는 판단 오류를 범할 때가 있는 것이다. 따라서 이는 본능에 내재된 자연스러운 착각일 수 있지만, 인간은 그런 본능의 실수를 만회할 수 있는 지성을 지닌 생명체다.

나 역시 인생을 살아가면서 이따금 실수를 범하고 실패와 맞닥뜨리곤 하지만, 내가 저지른 잘못을 깨달은 순간 '아, 미안. 내가 틀렸어' 하고 수긍을 하고 비교적 빨리 정정하는 편이다. '볼썽사납다' 혹은 '체면이 서지 않는다'와 같은 말에 별로 개의치 않는 성격 덕분일 것이다.

잘못된 길을 선택했을 때는 최대한 일찍 돌아가야 적은 피해로 끝난다. 자신의 실수를 인정하고 다시 시작할 용기를 지니자.

LIST 9 □ 쌓지 않는다

KEYWORD ◑ '성공'이라는 장해물

《도박묵시록 카이지》로 유명한 후쿠모토 노부유키福本伸行의 작품 중에서 나는 《텐天》의 마지막 장을 너무 좋아해 몇 년에 한 번꼴로 되풀이해 읽곤 한다. 《텐》은 마작 만화이지만 마지막 장에는 마작 장면이 전혀 나오지 않는다.

고고한 천재 마작 기사 아카기 시게루는 조발성 알츠하이머에 걸려 이성을 잃기 전 자신의 손으로 삶을 끝내려고 한다. 안락사 장치를 이용해 자살하려는 아카기를 말리려고 예전 동료와 적들이 필사적으로 설득에 나선다. 그런 삶과 죽음을 둘러싼 대화가 단행본 세 권 분량에 걸쳐 펼쳐진다.

그중에서도 가장 좋아하는 장면은 아카기와 폭력단 조장인 하라타의 대화다. 광역 폭력단 조장 자리에 올라 돈과 권력, 성공을 거머쥔 하라타를 향해 아카기는 이러한 대사들을 날린다.

"네놈은 성공을 과도하게 쌓아 올렸어……!"

"아무리 돈과 권력을 거머쥐었다고 해도…… 실제로는 궁색하기 짝이 없지……! '성공'이란 녀석은…… 인간을 자유롭게 그냥 내버려두지 않아……."

"넌 지금…… 네 맘대로 움직일 수도 없지 않아……?"

저런 말을 내뱉으며 제 몸뚱이 하나만 갖고 죽어가는 아카기 시게루란 인물이 내게는 한없이 매력적이다.

성공을 부정하려는 것은 아니다. 살아가는 데 성공을 목표로 하는 자세는 필요하다.

그러나 일단 성공을 거두었으면 최대한 빨리 내려놓는 것이 좋다. 그간 쌓아 올린 것들이 나를 옭아매는 장해물이 되어 자유를 억압하기 때문이다. 따라서 쌓아 올린 것은 빨리 던져버리는 편이 좋다.

내 얘기를 하자면 난 몇 년에 한 번꼴로 괴성을 지르며 이런 상태로 치닫곤 한다.

"으으, 더는 못 해. 모든 게 다 지긋지긋해! 한 발짝도 진전이 없는 지금 같은 상황은 다 때려치울 거야. 이젠 다른 걸

하겠어!"라고 말이다. 이런 충동이 벌컥 일어나 그럴 때마다 일을 관두거나 이사를 하곤 한다. 아마 극도로 쉽게 질리는 성격이 문제일 것이다.

다만 그런 성격이 필요 이상 쌓아 올린 뭔가에 속박당하는 상황으로부터 나를 지켜주는 측면도 있지 않을까 하는 생각이 든다.

성공은 결과보다 거기에 이르기까지의 과정이 중요하다.

성공하려고 노력하는 과정은 즐겁고 생기 넘치지만 일단 목표를 달성해버리면 성공한 상황이 계속 이어지는 것에 질려 또 새로운 뭔가를 바라고 만다. 인간은 비슷한 상황이 이어지는 것을 견디지 못하는 변덕스러운 생물이다.

'과거에 연연하지 않는다'(LIST 8)에서 다뤘듯 인간은 실패를 범해도 과거에 연연하느라 쉽게 그만두지 못한다. 하물며 그것이 실패가 아닌 성공이라면 더욱 내려놓기 어렵다.

하지만 성공으로 얻은 것도 필요 이상 쌓으면 갑갑함을 느껴버리기 쉽다. 따라서 가끔 "으악!" 하고 괴성을 지르며 이런저런 것들을 버리거나 부수는 것은 꽉 막힌 현재 상황을 초기화하는 방법으로 의외로 나쁘지 않다.

뭔가를 얻는 것도 즐겁지만 뭔가를 부수는 행위도 통쾌하고 즐겁다. 현 상황에 지쳤을 때는 괴성을 지르며 현재를 둘러싸고 있는 지루한 것을 부숴보자.

CHECK! 후쿠모토 노부유키, 〈텐〉, 서울문화사 (국내 출간)

2장
행동을 편하게 하는
노력하지 않을 것 리스트

뭐든 열심히 하는 것이
취향인 사람은
그렇게 살면 되지만
모두가 그를 따라 할 필요는 없다

일하기 위해 인생이
존재하는 것 아니다
일은 인생을 충실하게 살기 위한
수단에 지나지 않는다

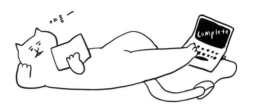

들어가기: 게으름은 미덕이다?

현대 사회는 필요 이상으로 열심히 사는 사람들로 가득 차 있다. 다들 조금씩 게으름을 피우며 적당히 살아도 괜찮지 않을까.

물론 열심히 하는 자세를 부정하겠다는 말은 아니다. 그런 자세가 필요할 때도 있다. 열심히 해야 하는 순간에는 최선을 다하고, 본인이 의욕에 넘쳐 '열심히 하자!'라는 기분이 들 때는 열심히 하면 된다.

그러나 체력과 정신력의 한계를 넘어섰는데도 '성공하려면 열심히 해야 해, 조금만 더 힘내자!'라는 강박에 스스로를 다그치다가, 결국 건강을 해치고 마음의 병을 얻는 사람이 꽤 있다. 결코 바람직하지 않은 일이다.

우선 '열심히 하는 것이 무조건 좋다'라는 생각을 버리자. 열심히 하는 것도 좋지만 그보다 더 좋은 것은 '열심히 하지 않고도 해내는 것'이다.

펄 프로그래밍 언어를 창시한 프로그래머 래리 월 Larry Wall 은 다음과 같은 말을 남긴 바 있다.

'태만 Laziness'
'조바심 Impatience'
'자만심 Hubris' 은
프로그래머의 3대 미덕이다.

태만, 즉 게으름이 왜 미덕일까. 그것은 게으른 사람일수록 일을 하기 싫어서 어떻게 하면 더 빨리, 효율적으로 일을 끝낼지 깊이 고민하기 때문이다. 열심히 일하는 사람은 다소 귀찮은 일이 있어도 체력과 근성으로 어떻게든 버텨내지만, 게으른 사람은 성가셔하며 더 효율적인 방법을 떠올리려고 한다. 거기서부터 새로운 발상이 만들어지는 것이다.

한편 쿠르트 폰 함머슈타인 에쿠오르트 Kurt von Hammerstein-Equord 라는 독일 장군은 이런 말을 남겼다.

"유능하면서 게으른 자는 지휘관으로 삼아라.

유능하면서 부지런한 자는 참모로 삼아라.

무능하면서 게으른 자에게는 단순 반복 작업을 시켜라.

무능하면서 부지런한 자에게는 책임을 지우지 말라."

이 말에서 흥미로운 부분은 유능하면서 부지런한 자보다 유능하면서 게으른 자가 지휘관에 더 어울린다는 점이다. 게으른 자일수록 다른 사람에게 일을 맡기거나 사소한 일에 얽매이지 않고 큰 결단을 내릴 수 있으니 위에 서는 사람으로 어울린다는 뜻이다.

반면 가장 좋지 않은 것은 무능하면서 부지런한 자로 무능하면서 게으른 자보다 더 나쁜 평가를 받는다. 무능하면서 부지런한 자가 왜 나쁠까. 아무 일 않고 가만히 있어도 될 때 군이 하지 않아도 될 쓸데없는 일에 매달리며 상황을 더욱 나쁜 방향으로 몰아가기 때문이다.

부지런한 사람은 늘 바쁘게 움직이기에 겉으로 보기에는 뭔가 대단한 일을 하는 것 같아 보이지만 실은 '가만히 있어야 하는 상황에 익숙치 않아서 늘 뭔가를 강박적으로 하는 것'뿐일 수도 있다. '집에 가고 싶지 않으니 야근한다'거나 '할 일이 없으니 휴일에도 일한다'라는 경우와 비슷한 셈이다.

결국 일하는 방식은 개인의 취향 같은 것이다. '정말로 그 일이 필요한가'라는 관점에서 보면 실은 하든 하지 않든 큰 차이가 없을 때가 많다.

부지런한 사람	게으른 사람
• 체력과 정신력으로 해결하려 한다	• 효율적인 방법을 떠올리려고 한다

뭐든 열심히 하는 것이 취향인 사람은 그렇게 살면 되지만 모두가 그를 따라 할 필요는 없다. 더군다나 열심히 하라고 자신을 강제할 이유는 더더욱 없다. 일하기 위해 인생이 존재하는 것 아니다. 일은 인생을 충실하게 살기 위한 수단에 지나지 않는다.

노력은 생각보다 대단한 게 아니다. 건강을 해치고 무리를 무릅쓰면서까지 부지런해질 필요는 결코 없다. 그렇게 한다고 해서 좋은 결과가 보장되는 것도 아니지 않은가. 즐거운 마음으로 자신이 할 수 있는 범위 내에서 효율적으로 일할 때 성과도 따라오기 마련이다.

이번 장에서는 너무 열심히 해서 몸과 마음을 망가뜨리지 않도록 어깨에 힘을 빼고 편하게 일을 진행하는 방법에 대해 생각해보자.

게으르면서도 능률적이고 귀여운 것도 가능하다.

LIST 10 □ 피로를 소홀히 여기지 않는다

KEYWORD ○ 탄광의 카나리아

나는 트위터에 "피곤해"라는 말을 자주 쓴다. 비단 트위터만이 아니라 실제로도 "피곤해"라는 말을 입에 달고 산다. 오래 전부터 이어져온 입버릇 같은 것이다. 굳이 "피곤해"라고 중얼거리는 이유 중 하나는 여름에 더울 때 "더워"라고 하는 것처럼 입 밖에 내는 것만으로 그것이 조금 나아지는 듯한 느낌이 들어서다.

그리고 또 하나의 이유로 "'피곤해'라는 말을 해도 괜찮다"라는 것을 널리 알리려는 목적도 있다. 세상에는 왠지 '피곤하다'라는 말을 자주 해선 안 된다'거나 '피로를 느끼는 건 긴장이 풀려서 그렇다. 정신 차리고 조금만 더 힘내자'라는 분위기가 있다. 나는 그런 분위기가 잘못됐다고 생각한다.

피로라는 것은 중요한 감각이다. 피로를 단순히 태만한

감각으로 여겨 소홀히 할 것이 아니라 피로에 조금 더 민감해져야 한다. '컨디션이 안 좋다'거나 '스트레스를 받았다'거나 '지금 하는 일이 마뜩찮다' 등 자신이 현재 처한 상황에 대한 막연한 위화감이 몸과 마음에 피로라는 형태로 나타나는 것이다. 피로란 '잠시 쉬거나 방향 전환을 하는 게 좋다'라고 하는 몸의 신호이다.

피로를 무시하고 일을 계속하면 결국 병에 걸려 드러눕게 된다. 피로를 느끼기 시작한 초기 단계부터 자신을 돌보는 편이 좋다. 개인적으로는 '오늘은 좀 피곤해서'와 같은 이유로 당당히 회사를 쉬어도 괜찮다고 보지만, 현대 사회에서 그런 말은 쉽사리 통용되지 않는다. 사실대로 말하면 빈축이나 사는 게 현실이다.

그럴 때는 꾀병이라도 부려 "감기에 걸려서……" 같은 구실을 대보자. 거짓말도 하나의 방편이다. 회사 안에는 당신을 대신할 다양한 대체재가 갖춰져 있으니 양심의 가책을 느낄 필요 없다. 피로가 더 심해져서 병이 나기 전에 쉬는 게 당연히 낫지 않은가. 실제로 병에 걸려 쓰러지기 전까지는 휴식을 할 수 없는 지금의 분위기가 외려 이상하다고 생각한다.

계속 피로를 무시하다 보면 유체이탈식 아침 인사의 경지에 이룰 수 있다.

남들보다 갑절 이상 피로를 느끼고 쉽게 지치는 나 같은 인간은 회사에서 '탄광의 카나리아' 같은 존재였다는 생각이 든다. 옛날에는 탄광에 들어갈 때 카나리아를 새장에 넣어 들고 갔다고 한다. 탄광에서는 군데군데 위험한 가스가 새어나오는데, 가스가 응축된 장소에 들어가면 인간보다 먼저 가스를 감지하고 축 늘어지는 카나리아 덕분에 그곳이 위험한 장소임을 인식하는 것이다.

마찬가지로 인간 사회에서도 스트레스에 약한 사람일수록 잘못된 상황을 보다 빨리 감지할 수 있다. 체력과 정신력이 뛰어난 사람은 불합리한 상황에서도 제법 버텨낼 수 있을지 모르겠지만, 나란 인간은 그런 상황에서 가장 먼저 쓰러지는 쪽이다. 카나리아와 다른 점은 새장 속에서 축 늘어지기 전에 누구보다 일찍 도망친다는 점일까.

인간은 정말로 하고 싶어 미칠 것 같은 일을 할 때라든가, 이건 꼭 해야 한다고 진심으로 여기는 일을 할 때는 피로를 느끼지 못한다.

그러나 '좀 피곤한걸' '왠지 의욕이 안 생기네'라고 느낀다면 그땐 이미 일의 방향성이 자신과 맞지 않거나 속도 조절에 실패했다는 증거다. 피로를 느낄 때는 억지로 힘을 내려 하기보다 자신이 하는 일을 되돌아볼 기회라고 생각하는 것이 좋다. 조금 더 피로에 민감해지자.

LIST 11 □ 너무 열심히 하지 않는다

KEYWORD ● 강제적 휴가

나는 예전부터 겨울에 약했다. 일조량이 적어지면서 쉽게 우울해지고 무엇보다 추위에는 젬병이라 전반적으로 활동성이 떨어진다. 밖에 나가거나 사람을 만나는 건 기껏해야 한 주에 한두 번으로 최소화하고, 대부분의 시간을 온종일 누워 지내곤 한다. 아무 일도 않고 그냥 침대에 누워서 스마트폰으로 인터넷만 뒤적이고, 뭔가 요리해 먹기도 귀찮아 빵 같은 걸로 끼니를 때우기 일쑤다. 겨울의 절반은 겨울잠으로 보낸다고 해도 좋을 정도다.

또 겨울만큼은 아니지만 여름날의 더위에도 그리 강하지 않아서 축 늘어진다. 고로 1년 중 몸 상태가 좋다고 할 수 있는 시기는 봄과 가을 합쳐 5, 6개월 정도일까.

게다가 비가 내리면 저기압 탓인지 누가 위에서 머리와 몸을 꾹 누르는 듯한 기분이 들어 갑갑해진다. 그래서 비 오는 날에도 집에서만 지낼 때가 많다. 여름, 겨울, 거기에 비 오는 날까지 제외하면 1년 중 내가 순조롭게 활동할 수 있는 날은 실제로 6개월 이하일지도 모른다.

이렇게 하나하나 언급하다 보면 문제투성이인 체질 같지만 나는 내 체질에도 장점이 있다고 생각한다. 끊임없이 활발하게 움직이다 보면 피곤이 쌓여 결국 건강이 망가질 수 있으니, 강제로라도 정기적으로 쉬는 시간을 가질 수 있다.

사회에서는 몇 년, 혹은 십몇 년간 일에 매진하다가 결국 병에 걸려 쓰러져 1년 혹은 그 이상을 병상에서 누워 지내는 경우가 비일비재하다. 그런 식으로 쓰러질 바에는 1년 중 활동력이 떨어지는 정기적 시기를 예비해놓고 계획을 세우는 편이 훨씬 합리적이다. 심신의 피곤함을 계절 탓으로 돌리고 나면 어찌 되었건 시간이 해결을 해주는 문제이니 마음도 편하다.

쉬는 시기에는 쉬는 시기대로 또 할 수 있는 일이 많다.

느긋하게 방에 틀어박혀 그동안 내가 한 일을 돌아보는 시간을 가질 수 있고, 갖고 있는 물건들을 정리할 수도 있으며, 타성에 젖어서 지금껏 해온 습관(낭비와 음주, 정크푸드 섭취 같은)

등을 재정비하기에도 안성맞춤이다. 휴식하는 시기에 의욕과 에너지를 충전하여 다음 활동 시기를 대비할 수도 있다. 나는 겨울에 드러누워 지낸 날이 많은 해일수록 그다음 해 봄은 더 활기차게 행동하곤 했다.

덧붙이자면 나는 감기에 잘 걸려서 이불 속에서 지내는 경우가 잦은데 그런 시간도 나름대로 의미가 있다고 생각한다. 마사지를 전문으로 하는 지인이 이런 말을 한 적이 있다.

"이따금 감기 같은 가벼운 병에 걸려 몸에 쌓인 피로와 독을 발산하는 것이 좋다. 감기에도 걸리지 않고 열심히 일해 몸에 피로와 독을 계속 쌓다 보면 중병으로 이어진다."

나는 꽤 일리 있는 말이라 생각한다. 병이란 몸이 나에게 알려주는 SOS 신호이다. 편치 않은 몸 상태를 무시하지 말고 병에 걸렸을 때는 최대한 휴식하는 게 좋다.

추운 겨울날이나 장마철, 감기에 걸렸을 때 등등 그런 시기에 의욕이 떨어진다는 건 그 나름의 의미가 있다. 그럴 때는 얌전히 휴식을 취하거나 가만히 누워 지내야 다시 컨디션이 좋아졌을 때 더 활기차고 즐겁게 움직일 수 있다.

휴식을 취하는 일에 양심의 가책이나 죄책감을 느낄 필요
는 없다. 가끔 적극적으로 휴식을 취하며 이불 속에서 자유
를 만끽해보자.

LIST 12 □ 과장하지 않는다

'피로를 소홀히 여기지 않는다'(LIST 10)에서도 썼다시피 나는 "피곤해" 혹은 "귀찮아" 같은 말을 입에 달고 산다. 그런 말을 입 밖에 내는 이유는 '피로를 긍정하고 싶다'라는 뜻 외에도 '나 자신을 과장하고 싶지 않다'라는 생각에서다.

다른 사람이 나를 '이 녀석은 구제불능에다가 이상한 녀석이야'라고 여기는 게 차라리 편하다. 그래야 '이 사람은 나한테 이런 걸 해줄 것이다'라든지 '이 사람에게 맡겨보자' 같은 기대를 심지 않기 때문이다. 다른 사람이 나에게 쓸데없는 기대를 품지 않아야 내 의지대로 행동하기 편하다.

물론 세상에는 다른 사람들이 자신을 높이 평가하거나 대단하게 여기는 걸 선호하는 사람이 더욱 많겠지만, 나는 그렇게 타인의 평가에 신경 쓰며 살면 견디기 힘든 부류의 사람이다.

'나를 과장하지 않는다'라는 마음이 든 데에는 오랜 인터넷 누리꾼으로서의 생활이 한몫하였다. 인터넷에서 '난 대단해!' '난 잘나가!'와 같은 태도를 보이면 곧바로 싸움으로 번지기 십상이다. 인터넷은 인간의 부정적인 감정이 폭주하기 쉬운 공간이다. 현실 세계에서는 함부로 드러내기 힘든 경멸스럽고 한심한 발언도, 오해를 불러일으키기 쉬운 위험한 발언도 익명의 불특정다수가 서식하는 공간 속에 있다 보면 자기도 모르게 내뱉게 된다.

게다가 그런 공격적인 발언들이 점차 많아질수록 집단 심리 효과로 인해 점점 통제 불가능한 상황에 이른다. 언제 어떻게든 공격받을 수 있는 인터넷 공간에서는 '난 아무것도 모른다' '난 별볼일없는 평범한 인간이다'라는 식으로 스스로를 낮추고 무지한 척해야 거센 풍랑과 마주치지 않을 수 있다.

내 지인 중에서는 SNS 계정을 철저하게 분리해서 쓰는 사람이 있다. 친구들과 함께 나누고 싶은 좋은 일이나 기쁜 소식은 폐쇄적인 SNS 계정에만 올리고, 뭔가 힘들거나 공감을 얻고 싶은 어려운 일에 대한 언급은 블로그와 같은 개방적인 공간에 올린다. 이 또한 인터넷 세상에서 살아남기 위한 지혜.

그리고 내가 간사이(^{関西}) 출신이라는 점도 이러한 태도에 영향을 끼쳤다.

간사이 출신 사람들은 다른 지역에 비해 툭하면 "난 바보 멍청이야"라는 식으로 자신을 우스갯감으로 삼고, 자기 가족이나 친한 친구를 소개할 때도 "이 인간은 진짜 칠칠맞지 못하다니까"라는 농담을 서슴지 않고 날리고, 누가 안부를 물으면 "되는 일 하나도 없어" 같은 부정적인 발언을 아무렇지도 않게 내뱉는다. 이것은 실제 상황과는 무관하게 의례적인 인사말로 자신을 낮추면서 상대방을 편하게 만드는 배려이다.

"요즘 장사 잘 됩니까?"라는 질문을 받으면 아무리 장사가 잘 되더라도 "뭐 그럭저럭입니다"라고 대답을 하고, 실제로 장사가 그럭저럭일 때는 과장을 섞어서 "파리만 날립니다"라고 대답했던 옛사람들의 말본새와 유사한 정서이다.

괜한 허세로 자랑하는 것보다 타인의 반감이나 질투를 사지 않는 게 이득이고, 바꿔 말하자면 '명예보다 실리'를 취하는 자세라 할 수 있겠다.

다른 사람이 나를 낮춰 보는 걸 두려워할 필요는 없다. 아니 누군가가 나를 얕잡아 보는 게 어쩌면 당연하지 않겠는

가. 타인이 보는 세계의 중심은 타인이니 그에게 내 존재 따위는 보잘것없는 것이다. 누구든 그 자신이 세계의 중심이고 자신의 가치관이 절대적인 기준인 게 당연하다.

따라서 내가 다른 사람의 세계 속에서 보잘것없는 존재이든, 다른 사람의 가치관으로 보기에 구제불능의 인간이든 하나도 신경 쓸 필요 없다. 자신에 대한 평가를 내릴 때 타인의 기준에 얽매이면 점점 더 타인이 바라는 대로 되어갈 뿐이다.

다른 누구도 아닌 유일한 자신을 받아들이고, 자신의 세계관에 따라 자신을 평가하는 것이 중요하다. 굳이 자신을 과장하지 않아도 자연스러운 자신감을 지닐 수 있는 상태를 목표로 하자.

LIST 13 □ 잠을 줄이지 않는다

KEYWORD ◉ 안 자면 일찍 죽는다

예전에 읽은 만화가 미즈키 시게루^{水木しげる} 선생의 〈수면의 힘〉 이라는 단 2페이지짜리 만화가 뇌리에 강하게 박혀 지금도 잊지 못한다.

미즈키 선생 본인이 등장하는 에세이 형식의 만화로, 출판 사 파티에서 만화계의 거장 데즈카 오사무^{手塚治虫} 선생과 이시 노모리 쇼타로^{石ノ森章太郎} 선생을 만나 잠에 관한 이야기를 나누 는 이즈키 선생의 모습이 그려져 있다.

데즈카 오사무와 이시노모리 쇼타로 선생은 "요즘 바빠서 매일 밤을 새웁니다" "전 철야 이틀째예요" "전 사흘째입니 다" 같은 대화를 나누는데, 그런 두 사람을 향해 미즈키 선생은 "난 아무리 바빠도 열 시간은 꼭 잡니다"라고 말한다.

그러자 "그거 부럽습니다"라고 하는 두 사람에게 미즈키 선생은 "잠을 소홀히 하면 안 됩니다. 잠이야말로 장수와 행복의 원천이에요"라고 역설하지만 두 사람 다 웃어넘기고 별로 진지하게 받아들이지 않는다. 그런 뒤 마지막 장은 다음과 같이 미즈키 선생이 중얼거리는 장면으로 끝이 난다.

"……그래서 두 사람은 일찍 세상을 뜨고 말았지(데즈카 오사무와 이시노모리 쇼타로 선생은 60세, 미즈키 선생은 2015년 93세를 일기로 별세했다)."

역시 잠을 충분히, 여유롭게 자지 못하는 생활이란 하나의 생명체로서 그른 삶이 아닐까 싶다. 사람은 잠을 못자면 몸이 망가지고 마음에 여유도 사라진다. 잠은 생명의 기초다.

내가 회사를 그만두고 지금처럼 한가롭게 생활하기 시작했을 당시 가장 기뻤던 게 매일 정해진 시간에 일어나지 않고 맘껏 잘 수 있다는 점이었다. 평소 대략 여덟 시간 정도 수면을 취하지만 어떤 때는 열 시간, 많은 날에는 열두 시간 이상 자기도 한다.

세상에는 잠깐만 눈을 붙여도 쌩쌩한 사람이 있다고 하지만, 나는 잠을 못 자면 아무것도 손에 잡히지 않는 타입이다. 수면 시간이 다섯 시간밖에 되지 않으면 그날은 하루 종일 머리가 지끈거리고 괜히 다른 사람에게 예민하게 굴게 된다. 밤샘 작업 같은 건 애초에 불가능하다. 철야를 했다가는 생활 리듬이 완전히 망가져서 그 후로 이틀간은 아무짝에도 쓸모없는 인간이 된다.

회사에 다니던 시절, 전날 잠을 충분히 못 자면 거의 좀비 같은 상태로 회사에 출근했다. 수면 부족이라는 이유로 도저히 회사에 있기가 힘들어서 "오늘은 열이 나서……"라는 식으로 꾀병을 부려 회사를 쉴 때도 꽤 있었다.

허나 지금의 사회는 잠이 부족하다는 이유로 회사를 쉰다고 하면 결코 납득하지 못한다. 그런 이유로 회사를 쉬겠다고 했다가는 곧바로 욕이 날아오기 십상이다. 하지만 나는 수면 부족 상태로 일해야 하는 것 자체가 비인도적인 고문 행위와 매일반이라고 생각한다.

그런 만큼 회사원 시절과 비교하면 지금은 매일 아침 억지로 일어나지 않아도 된다는 것만으로도 천국 같다. 오래 자면 꿈을 꿀 때가 많다. 꿈에서는 현실과 다른 세계로 빠져 들어가 기묘한 체험을 할 수 있다. 내게 꿈은 현실에서 누릴 수 없는 재미있는 놀이이다. 아무리 재미있는 책을 읽어도, 흥미로운 영화를 봐도, 오싹한 롤러코스터를 타도 꿈을 꿀 때처럼 현실을 까맣게 잊고 다른 세계에 온전히 몰입할 수는 없다.

물론 괴로운 악몽을 꿀 때도 있다. 그러나 악몽은 악몽대로 꿈에서 깼을 때 '아아, 꿈이라서 다행이다'라며 익숙한 현재의 일상을 고맙게 여기게 하는 긍정적인 효과가 있다.

단잠을 만끽하며 행복해하고 꿈속에서 세상에 없는 즐거운 경험을 한다. 무엇보다 잠은 공짜이다. 세상에 그보다 잘 만들어진 즐길 거리가 또 있을까. 잠을 소중히 여기며 살아가자.

CHECK! 미즈키 시게루, 《인생을 함부로 살아서는 안 된다》, 니혼토쇼센터

LIST 14 □ 내 손으로 하지 않는다

KEYWORD ○ 모두들 의지해주기를 바란다

어떤 일을 할 때 '되도록 다른 사람에게 맡기지 않고 가능한 한 내 손으로 끝내고 싶다'라는 이른바 '직접 하는 게 더 빨라 병*'에 걸린 사람을 종종 본다. 그런 사람을 보면 '열정이 대단하네' '엄청난 노력가인가'라는 생각은 들지만 그리 따라 하고 싶지는 않다.

　오히려 난 내 손으로 하지 않고 되도록 다른 사람에게 맡기고 싶다고 늘 생각한다. 그러는 게 피곤하지도 않고 편하기 때문이다.

　'직접 하는 게 더 빨라 병'에 걸리는 이유는 너무 완벽주의자이거나 타인을 잘 믿지 못해서일 듯하다.

　하지만 이 세상에 완벽 같은 건 존재하지 않는다. 어차피 혼자 할 수 있는 일에 한계가 있다면, 어느 단계부터는 다른 사람에게 적당히 맡겨서 대충 마무리 짓는 편이 사람 사는 세상에서 자연스러운 태도가 아닐까.

나는 셰어하우스를 만든다거나 오프라인 모임을 여는 것처럼 사람을 모으는 기획이나 이벤트를 종종 열곤 한다. 그럴 때마다 인원이 어느 정도 찼다 싶으면 나머지는 그 사람들에게 맡기고 나는 빠지곤 한다.

나처럼 체력이 저질인 사람이 나서봐야 폐만 끼치니 훨씬 에너지 넘치는 다른 사람이 대신하는 게 낫다고 생각하기 때문이다. 사람에게는 저마다 맞는 일이 있기 마련이다. 적성에 맞춰서 일을 분담하는 것이 보다 능률적이지 않겠는가. 잘하지 못하는 부분까지 본인이 끝내겠다고 붙잡고 있으면 일을 함께 하는 사람들에게 오히려 민폐다.

또 혼자 아등바등해봐야 노동력이란 차원에서 반드시 한계에 맞닥뜨릴 수밖에 없다. 그렇기에 여럿이 효율적으로 분담하는 방안을 찾는 게 전체의 발전으로도 이어진다고 생각한다.

그리고 가장 중요한 점은 대부분의 사람들은 누군가가 의지해주기를 바란다는 것이다.

어지간히 여유가 없을 때를 제외하고는 누군가가 와서 말을 걸어주거나 의지해주기를 바라기 마련이다. 아마 인간이란 존재 자체가 본질적으로 고독해서일 것이다. 뭔가를 부탁하거나 받으면, 그 일을 계기로 커뮤니케이션이 생겨나고 신뢰 관계나 우정이 형성되곤 한다. 딱히 할 일이 없어서 빈둥거리는 사람에게 뭔가를 부탁하면 그 사람도 기뻐할 가능성이 높으니 다른 사람에게 의지한다고 불편해할 이유가 없다.

다만 무턱대고 부탁한다고 상대는 움직이지 않는다. 부탁에도 상대방이 불쾌해하지 않을 기술이 필요하다. 다른 사람에게 무언가 부탁을 할 때 중요한 핵심 포인트는 다음 세 가지다.

❶ 저자세로 부탁한다

고개를 숙이며 '이걸 해주신다면 제게 참으로 도움이 되겠습니다……'와 같은 느낌으로 정중하게 부탁한다.

❷ 부탁을 들어준 상대에게 인사한다

'고맙다'는 말을 잊어서는 안 된다. 그 말을 입에 담느냐 담지 않느냐로 인상은 완전히 달라진다.

말하는 데에는 돈이 들지 않으니 아끼지 말고 고맙다는 말을 하자.

❸ **반대로 내가 뭔가를 부탁받을 때는 최대한 받아들인다**
내 부탁을 들어주는 대신 어떤 일이 생길 때 나도 당신의 힘이 되어주겠다는 태도를 보이자.
실제로 도와줄 수 없는 상황일지라도 그런 분위기 정도는 발산하는 편이 좋다. 직접적인 보상을 못 받아도 '상대에게 은혜를 베풀었다'라는 인식만으로 인간은 만족하기 때문이다.

나 혼자 모든 일을 해치우는 것보다 다른 사람의 도움을 받을 때 더 폭넓고 다양한 일을 할 수 있고 인맥도 넓어진다. 정말 일을 잘하는 사람은 솜씨 있게 부탁을 주고받을 줄 안다. 편하게 살아가려면 '부탁 고수'가 되자.

LIST 15 □ 즉시 결정하지 않는다

KEYWORD ◐ 머릿속 난쟁이에게 맡긴다

나는 우유부단해서 작은 일도 쉽게 결정하지 못한다. 그럼에
도 살아가다 보면 매일 뭔가를 결정해야만 해서 너무 힘들다.

점심 한 끼를 해결하는 문제만 해도 집에서 만들어 먹을
지, 외식을 해야 할지, 외식을 한다면 어디서 먹어야 할지, 식
당에 들어가면 어느 자리에 앉아야 할지, 메뉴는 뭘 골라야
할지……. 결정해야 할 게 한두 가지가 아니어서 성가시다.

이런 나이기에 "잠깐만, 생각할 시간을 줘"라는 말을 입버
릇처럼 내뱉는다. 매일 매순간 부닥치는 선택의 고비에서 고
민에 빠지는 것이다. 그래서 별 고민 않고 즉시 결단하는 사
람을 보면 가끔 부러울 때도 있다.

하지만 때로는 결단이 느린 것이 장점일 수도 있다고 생각
한다.

어쩔 때는 고민만 하고 있는 편이 결단의 용기를 내는 것보다 편안하다.

결정하기까지 충분한 시간을 들일수록 올바른 선택을 할 수 있고, 아이디어도 숙성될 수 있기 때문이다. 글 쓰는 이들은 '어떤 아이디어를 떠올렸을 때 그것을 즉시 글로 쓰는 것보다 며칠 혹은 일주일쯤 숙성했다가 써야 비로소 좋은 글이 나온다'라는 말을 흔히 한다. 나도 글을 쓰기 시작하면서 그 말이 마음에 와 닿았다.

아이디어가 숙성되려면 일단 모든 것을 잊고 나중에 재개할 수 있도록 메모를 해두는 게 좋다.

메모를 남길 때 핵심은 '미래의 나'를 '현재와 다른 사람'이라 여겨야 한다는 점이다. 아무것도 모르는 타인이 봐도 이해할 수 있도록 정보를 정리하는 것이다. 평소 그런 식으로 메모를 만들어두면 스스로 이해가 깊어질 뿐 아니라 지금 하는 일을 다른 사람에게 맡기는 능력도 높아진다.

아이디어를 떠올리는 법을 다룬 책 중에서 바이블처럼 여겨지는 제임스 W. 영James Webb Young의 《아이디어 발전소A Technique for Producing Ideas》라는 책에는 아이디어 발상법이 다음 다섯 단계로 나뉘어 있다.

제임스 W. 영의 다섯 단계 발상법

① 자료를 수집한다

② 수집한 자료를 탐독한다

③ 탐독한 내용을 모조리 잊고 다른 일을 한다

④ 그러다 보면 문득 아이디어가 떠오른다

⑤ 떠오른 아이디어를 실현할 수 있도록 조정한다

이 책에서는 세 번째 단계, 즉 모든 것을 잊고 잠시 내버려 두는 과정을 가장 중요하다고 언급한다.

나는 이 시간을 인간의 무의식에 사는 '머릿속 난쟁이'가 일하는 시간이라고 생각한다. 여기서 말하는 난쟁이란 그림 동화에 나오는, 구둣방 할아버지가 잠들어 있을 때 찾아와 일을 도와준다는 난쟁이 요정을 뜻한다.

스스로 의식하지 못하는 사이 뇌의 무의식 영역에서 실은 다양한 정보 처리가 이뤄진다. 뇌에 정보를 입력한 후 잠시 내버려두고 망각하여도 무의식 속에 사는 난쟁이가 움직여 자기도 모르는 사이에 생각이 정리되는 것이다. 그렇기에 뭔가 느낌이 확 오지 않을 때는 바로 결정하지 말고 그냥 기다려보는 것이 꽤 효과적이다.

결단이 느린 사람의 장점은 또 있다. 결단이 빠른 사람보다 느린 사람이 더 관용적이라는 연구 결과가 밝혀졌다. 우유부단하여 자주 망설이는 성격은 '나도 틀릴 수 있다'라는 겸허한 마음에서 비롯되기 때문이다. 그런 관용이 있어야 인간관계가 원만하게 이어질 수 있다.

결국 뭐든 빨리 결정하는 게 좋다고 단언할 수는 없다. 어느 정도 내버려두는 게 자연스럽게 이어질 때도 있다는 것을 명심하자. 무리해서 일찍 결정하려 조급해하지 말고 자신만의 느린 속도로 결정하자.

CHECK! 제임스 W. 영, 《아이디어 발전소》, 스타북스 (국내 출간)

LIST 16 ☐ 하기 싫은 일은 하지 않는다

KEYWORD ❍ 회사원이라는 적성

"일이란 원래 힘들고 괴로운 것이다. 그러나 그런 걸 꾹 참고 열심히 해야 성과를 남길 수 있다."

이런 말을 하는 사람과 가끔 마주치곤 하는데, 나로서는 그처럼 괴상망측한 소리가 또 있나 싶다.

인생은 그런 마조히즘 게임이 아니다. 그런 말을 하는 사람은 괴로움을 참으며 뭔가를 열심히 한다는 느낌을 좋아하는 사람일 뿐이다. 결국 각자의 취향 아니겠는가.

그런 사람이 자신의 취향에 따라 열심히 한다고 해서 무슨 문제가 있겠는가. 하지만 평범한 사람에게도 그런 태도를 권장하고 심지어 사회가 그런 태도를 강요하는 분위기가 된다면 그건 확실히 문제다. 그렇게 되면 나 같은 사람은 '괴로워도 다들 이렇게 사니까, 열심히 해야 해'라는 생각으로 스스로를 불행의 나락으로 떨어뜨리게 될 것이다.

한 분야에서 성공을 거둔 인물들은 대체로 자신의 적성을 찾아서 그에 맞는 일을 꾸준하게 이어간 사람이다. '단순반복적인 일'에 적성이 맞는 사람도 있고, '창의적인 일'에 적성이 맞는 사람도 있다. '하기 싫은 일이라도 꾹 참고 열심히 하는' 사람도 마찬가지다. 그 사람은 그저 '하기 싫은 일이라도 열심히 하는 것'에 적성이 맞는 사람일 뿐이다.

내가 회사를 관둔 것은 무엇보다 '적성에 맞지 않았다'라는 게 가장 큰 이유라고 생각한다. 회사원 시절 나는 매일 아침 정해진 시간에 일어나 다급히 양복으로 갈아입고 비슷한 옷차림의 많은 이들과 한 공간에서 오랜 시간을 보내야 하는 하루하루가 너무나 고통스러웠다. 그런데 회사에서는 그런 매일을 고통으로 받아들이지 않는 사람이 의외로 많아 보였다.

'내가 고통을 억지로 참고 필사적으로 매달려서 하는 일을 다른 사람들은 조금도 힘든 일로 여기지 않고 척척 해낸다. 그런 사람들과 같은 씨름판 위에서 싸워봐야 백전백패일 뿐이다. 계속할 의미가 없다.'

나는 그렇게 느꼈고, 그런 판단 끝의 결론은 회사를 그만두는 것이었다.

애초에 고생해서 일하는 것과 그 일이 잘 풀리는 것은 별 관련이 없을 때가 많다.

인생이란 타이밍에 좌우되는 경우가 많아서, 잘 풀리지 않을 때는 무슨 수를 다 써도 안 되고, 잘 풀릴 때는 별로 힘들이지도 않았는데 척척 잘 풀린다. 그러니 '성공을 위해 고생한 만큼 결과가 따라올 거야'라는 생각은 애초에 버리는 것이 낫다. 그것보다는 자신이 버틸 수 있는 수준에서 즐기면서 일하다 보면 타이밍에 따라 일이 술술 풀리는 때도 오기 마련이다.

물론 인생은 본래 자기 뜻대로만 흘러가지 않는다. 힘들지만 하기 싫은 일을 해야 하는 상황도 있다. 그럴 때는 어쩔 수 없이 할 수밖에 없다. 하지만 '이렇게 열심히 하니까 반드시 보상이 따라와줘야 한다'라고 생각해서는 안 된다. 열심히 하는 것과 보상은 다른 문제이기 때문이다. 결국 그런 힘든 상황도 타이밍 문제에 지나지 않는다. 힘들 때는 '늘 편한 일만 할 수는 없지. 인생은 원래 그런 거야'라고 여기며 머리를 낮추고 기다리면 된다. 그러는 동안 풍향이 바뀌어 조금 편해지는 순간이 찾아온다.

'독점하지 않는다'(LIST 4)에서도 적었지만 어떤 분야든

오랫동안 살아남는 사람은 '자신이 싫어하지 않는 일을 자신이 소화해낼 수 있는 속도로 하는 사람'이다. 요즘은 나처럼 글이나 음악, 그림 등 여러 분야에서 자신이 좋아하는 일을 인터넷에 올리면서 활동하는 사람이 늘고 있다. 자신이 좋아하는 일을 억지 부리지 않고 자신에게 맞는 속도로 작업하여 인터넷에 올려놓으면 네티즌들 사이에서 재미있다고 입소문이 나고 화제에 오르게 된다. 그러면 출판사 등지에서 '당신이 작업한 걸 상업적으로 내보지 않겠습니까' 하고 제안이 오고, 데뷔에까지 이르는 것이다.

자기가 좋아하는 일을 꾸준히 하다 보면 자기도 모르는 사이에 그것은 어딘가로 이어진다.

흥미 없는 일이나 하기 싫은 일을 억지로 할 필요는 없다. 되도록 재미를 느끼는 일만 하기에도 인생은 짧다. 마음이 건강하고 여유로운 상태라면 자연히 다양하고 새로운 일에 흥미가 동하기 마련이고, 그럴 때 비로소 자신에게 필요한 일이 재미있게 느껴질 것이다. 만약 세상만사가 어느 것 하나 재밌게 느껴지지 않을 때는 정신과 육체가 피로하다는 뜻이니 차라리 과감하게 쉬자.

LIST 17 □ 주말을 특별히 여기지 않는다

KEYWORD ● 쉬어도 돌아가는 조직

이 세상은 평일의 세계와 주말의 세계, 둘로 나뉜다. 주말이 휴일인 회사원 생활을 하다 보면 평일 낮에 내가 사는 동네가 어떤 분위기인지 잘 알지 못한다.

하지만 그것은 세계를 절반밖에 모르는 것이나 다름없다. 가끔 휴가를 쓰든지 해서 평일 낮의 세계를 느긋하게 맛보도록 하자.

회사를 관둬서 좋다고 느끼는 것 중 하나가 바로 평일 낮에 한가롭게 빈둥거릴 수 있다는 점이다. 나는 특히 사람이 많은 곳에 약한데, 주말은 어디를 가든 사람이 많아서 좀처럼 마음이 안정되지 않는다.

주말이면 엄청나게 혼잡한 패밀리레스토랑이나 슈퍼, 목욕탕, 산과 강 같은 곳도 평일에는 텅텅 비어서 주말에 가는 것과 같은 값으로 갑절 이상의 쾌적함을 맛볼 수 있다. 최근 들어 나는 주말에 사람이 많은 곳에 절대 가지 않고 집 안에 틀어박혀 지내는 시간이 많아졌다.

여행도 내가 원하는 시기에 갈 수 있어서 편하다. 주말과 명절에는 숙박비와 교통비가 폭등한다. 비수기 중 평일에 저가 항공을 이용하면 몇천 엔에 비행기를 탈 수 있고 숙소도 저렴하게 묵을 곳이 많다.

회사를 관두고 비록 수입은 몇 분의 1 수준으로 줄어들었지만 그만큼 여행에 필요한 비용도 줄었고, 혼잡하기 그지없는 휴일을 피해 움직일 수 있다는 장점을 고려하면 별 불만 없다.

애초에 일본 회사들은 하나같이 같은 날짜에 일하고 같은 날짜에 쉬는 것에 너무 집착한다. 그러니 사람들의 행동도 편중될 수밖에 없다.

출근 시간대 만원 전철 안은 숨 쉴 수도 없을 만큼 갑갑하다. 설, 추석, 골든위크(일본에서 4월 말부터 5월 초까지 공휴일이 모여 있는 날 옮긴이)의 정체된 고속도로와 혼잡한 유원지는 끔찍한 지경이다.

그럴 바엔 날짜를 바꿔가며 쉰다면 모두가 편해지지 않을까. 지인이 다니는 회사 중에 한 주에 쉬는 이틀을 꼭 주말이 아니라 자기 뜻대로 고를 수 있는 곳이 있는데, 그런 시도가 좀 더 많아졌으면 좋겠다.

현대 사회에서 '일'과 '출근'은 동일한 개념이 아니다. 인터넷이 발달해서 지금은 재택근무로 소화할 수 있는 일도 늘었다. 그런데도 회사 휴일을 주말이 아닌 평일 중으로 하기 어려운 것은 '어쨌든 매일 출근해 직장에 있지 않으면 한 사람 몫을 한다고 인정받지 못한다'와 같은 고리타분한 전체주의적인 발상이 밑바탕에 깔려 있는 게 아닐까.

그러나 모두가 동일한 날에 출근해야 돌아가는 시스템은 구멍이 너무 많다.

어딘가 불편해서 쉬는 날을 잡고 싶어도 쉽지 않아서 일이 점점 고되질 뿐 아니라 누군가가 그만뒀을 때 그 빈틈을 채우기도 어렵다.

모두가 출근해야 돌아가는 조직보다 한두 명이 쉬어도 문제없이 남은 사람들로 움직이는 조직이 우수하다. 그런 조직을 만들려면 평소 모두가 부담 없이 휴가를 써서 평일에 쉴 수 있는 환경을 조성해야 한다.

'저 사람은 늘 쉬지 않고 일하네'라는 인상이 박혀버리면 그 사람은 쉬지 않는다는 전제 하에 일의 일정을 세우기 때문에, 어쩔 수 없는 상황으로 인해 그 사람이 쉬기라도 하면 엄청난 혼란을 초래하게 된다.

하지만 '저 사람은 종종 쉬지'라고 사람들이 인식하게 된다면, 그가 쉬어도 어떻게든 일이 돌아가도록 대비하기에 전체적으로 모두가 휴가를 잡기 쉬워진다. 진심으로 회사를 생각한다면 내가 언제 사고를 당해 회사를 못 나가게 돼도 일이 돌아가도록 평소에도 가끔 휴가를 쓰도록 하자.

LIST 18 ☐ 한곳에 머무르지 않는다

KEYWORD ◐ 인간이 바뀌는 세 가지 방법

1장에서는 '소유하지 않을 것'을 정리해서 산뜻하게 사는 방법에 대해 다양하게 살펴봤지만 그저 내 주변 환경을 가다듬을 뿐이라면 변화에 한계가 있다.

그러니 가끔 멀리 떨어진 곳으로 이동해 다른 환경에서 생활해보는 게 좋다.

어느 날 인터넷에서 경영 컨설턴트 오마에 겐이치^{大前研一} 씨의 다음과 같은 말을 보고 일리가 있다고 생각했다.

인간이 바뀌는 방법은 세 가지밖에 없다.

첫째, 시간 배분을 바꾼다.

둘째, 사는 곳을 바꾼다.

셋째, 교류하는 사람을 바꾼다.

❶ 시간 배분을 바꾼다.

❷ 사는 장소를 바꾼다.

❸ 만나는 사람을 바꾼다.

인간은 이 세 가지 요소로만 바뀔 수 있다. 가장 무의미한 게 바로 '결의를 새롭게 다진다'라는 것이다.

인간의 생각과 행동은 자기도 모르는 사이에 환경의 영향을 받기 마련이다. 자신이 살아가는 집과 동네 환경, 어울리는 사람들이 자신에게 영향을 미치며 어느샌가 사고와 발상에 울타리를 만들게 된다.

그러니 벽에 부딪혔거나 뭔가를 바꾸고 싶다는 마음이 들었을 때 '정신을 가다듬고 열심히 해보자!'라며 자신을 다잡으려는 방법보다 차라리 주변 환경을 바꾸는 편이 훨씬 효과적이다.

집을 이사한다든지 직장을 옮기는 등 과감하게 모든 것을 털고 환경을 바꿔버리는 것도 좋다.

그러나 그 정도로 모든 것을 바꾸는 일은 매번 실행에 옮기기 쉽지 않은 노릇이다. 그러니 일단 여행을 떠나서 잠깐 동안이나마 자신의 환경을 바꿔보는 것부터 시작해보자.

나는 일상에서 벽에 부딪힌 듯한 기분이 들 때에는 아무것도 정하지 않고 훌쩍 여행을 떠난다. 여행을 떠나기로 마음먹은 당일에 전철이나 고속버스를 적당히 골라 탄 뒤 가는 도중

스마트폰으로 숙소를 찾아 저렴한 비즈니스호텔 같은 곳에 대충 묵는 것이다.

특별히 명승지를 가거나 비싼 쇼핑을 하는 것도 아니지만 기차의 흔들림에 몸을 맡긴 채 차창 밖으로 흐르는 풍경을 멍하니 바라보는 것만으로 어딘가 막혔던 것이 풀리는 기분이 든다. 평소에 못 먹었던 색다른 음식을 먹고 늘 자던 곳과는 다른 침대에서 자는 것만으로도 뭔가가 바뀐 듯한 기분이 드는 것이다. 기껏 1박 2일에 불과할지라도 환경을 바꾸면 확실히 재충전 효과가 있다.

또한 여행을 가면 내 평소 생활을 조금 객관적으로 되짚어 볼 수도 있다.

'생각해보니 매일 직장 동료한테 불쾌한 말을 듣는데 참고 있는 건 이상해. 다음에 만나면 확실하게 말해두자'라든지 '요즘 습관적으로 정크푸드만 먹고 있구나. 식습관을 고쳐야겠다'처럼 평소에는 어렴풋이 느끼거나 의식하지 못했던 것들이 명확하게 상이 잡히며 정리가 된다.

사람은 뭔가를 떠올릴 때 '그때 내가 어디에 있었나' 같은 지리적인 조건에 상당히 좌우된다.

평소 도쿄에 있으면 도쿄가 온 세상의 중심인 것 같지만 지방에 내려가면 사람들이 도쿄와 같은 대도시는 조금도 의식하지 않고 그 지역의 생활 방식대로 살아간다는 것을 알게 된다. 외국에 나가면 일본에서는 당연시했던 관습이 그저 그 안에서만 통용되는 사항일 뿐이라는 것을 통감하기도 한다.

이처럼 도시에 있다가 시골에 가면 도시를 객관적으로 다시 볼 수 있고, 시골에 있다가 도시에 가면 시골을 조금 다른 관점으로 바라볼 수 있다.

사상가 아즈마 히로키東浩紀 씨는 《느슨한 연결-검색 키워드를 찾는 여행》이라는 책에서 "지금은 인터넷에서 검색만 하면 뭐든 알 수 있는 세상이지만, 경험하기 위해 직접 가보는 일은 여전히 중요하다"라고 주장한다.

확실히 요새는 검색만 하면 모든 것을 알 수 있다고 생각하지만 '내가 무엇을 알고 싶은가'와 같은 동기(검색 키워드)를 갖기 위해서는 인터넷을 뒤지는 것만으로는 충분하지 않다. 해당 장소에 가서 현실감 있는 체험을 얻는 것이 필요하다. 그러니 몸이 변화를 직접 느끼도록 해준다는 점에서 여행은 중요하다.

인터넷이 이토록 발달했지만 집에서 컴퓨터를 통해 얻는 가상 체험만으로는 모든 것을 채우기에 아직 부족하다. 앞으로도 여행과 직접 체험의 중요성은 줄어들지 않을 것이다. 한곳에 머무르지 말고 가끔은 다른 곳으로 이동해보자.

CHECK! 아즈마 히로키, 《느슨한 연결 – 검색 키워드를 찾는 여행》, 겐토샤

3장

의식을 편하게 하는

내 탓으로 하지 않을 것 리스트

신이여
저에게 주시옵소서

바꿀 수 없는 것을
받아들일 평온을

바꿀 수 있는 것을
바꿀 용기를

그리고 바꿀 수 없는 것과
바꿀 수 있는 것을 구분할 지혜를

3장
의식을 편하게 하는
내 탓으로 하지 않을 것 리스트

들어가기: 내 책임은 50퍼센트로 충분하다?

현대 사회는 어떤 문제를 일으키거나 요령이 부족한 사람을 향해 "다 네 책임이다!" "정신 똑바로 차리고 살았다면 그런 일은 일어나지 않았다"라는 식으로 질책하는 목소리가 크다.

분명 본인에게도 책임이 있을지 모르지만 살다 보면 개인의 힘으로는 어쩔 수 없는 일이 많다.

지금 일이 잘 풀리지 않는 사람도 그렇게 되고 싶어서 된 건 아니다. 타고난 환경이나 성장 환경, 혹은 자기 책임이 아닌 돌발적인 사고 등으로 인해 어쩔 수 없이 그렇게 됐을 뿐이다.

그런 만큼 개인에게 책임을 돌릴 것이 아니라 "너의 잘못으로 그렇게 된 게 아니야. 어쩔 수 없었어. 너도 힘들었지?"라고 위로하는 것이 훨씬 현명하다.

나는 사회학 관련 서적을 탐독하면서 이러한 인생관을 지니게 되었다. 사회학에서는 인간의 행동을 사회의 영향이란 측면에서 설명할 때가 많다.

예를 들어 '경기의 회복과 자살률과의 연관성'이라든가 '부유한 집에서 태어난 아이가 좋은 학교에 진학하여 높은 수입을 올릴 확률'과 같은 연구를 수행하는 것이다. 물론 인간은 저마다 달라서 사회의 영향만으로 그 사람의 인생 전부를 설명할 수는 없다. 하지만 통계적으로 '이러한 환경에 놓인 사람이 이렇게 될 확률이 높다'라는 데이터는 획득할 수 있다.

이렇게 '인간은 환경에 의해 규정되는 존재'라는 시각을 갖고 세상을 바라보면, 어떤 일의 성공이나 실패 모두 순전히 한 개인의 책임으로 돌릴 수는 없게 된다. 세상에는 개인의 노력으로 바꿀 수 없는 일이 너무나 많다.

인간은 누구든 갑작스러운 사고나 재해, 질병 등으로 인해 삶이 나락으로 치달을 가능성이 있다. 지금은 별다른 문제없이 행복한 일상을 영위하는 사람일지라도 '우연히 지금까지 운이 좋았을 뿐'일 수도 있다.

물론 '모든 게 다 환경 탓이다'라며 모든 책임을 사회로 돌릴 수는 없다. 그렇게 되면 한 인간의 발전을 담보할 수 없기 때문이다. 개인의 노력으로 어느 정도 성취할 수 있는 일은 분명히 있다. '모든 게 다 사회 탓이다'라고 생각하면 열심히 할 의욕을 잃어버린다.

결국 모든 것은 100퍼센트 내 탓도 아니며 100퍼센트 사회 탓도 아니다. 내 책임은 50퍼센트, 그리고 나로서는 어떻게 할 수 없는 일이 50퍼센트이다. 그렇게 생각하는 것이 자신에게 너무 무르지도 엄격하지도 않은 적당한 수준의 균형이 아닐까.

알코올의존증 환자 치유 모임에 가면 '니부어의 기도'라는 글귀와 마주칠 수 있다.

신이여. 저에게 주시옵소서.

바꿀 수 없는 것을 받아들일 평온을.

바꿀 수 있는 것을 바꿀 용기를.

그리고 바꿀 수 없는 것과 바꿀 수 있는 것을 구분할 지혜를.

라인홀드 니부어 Reinhold Niebuhr

알코올의존증이라는 중독은 한 번 걸리면 좀처럼 헤어나기 어렵지만, 스스로 바꿀 수 있는 부분을 어떻게든 찾아 바꾸려는 의지를 지니는 것이 중요하다. 무엇을 바꿀 수 있고 바꿀수 없는지를 구분하기가 무엇보다 어렵지만 말이다.

'모두 내 힘으로 바꿔야 한다. 나에게 모든 책임이 있다'라고 생각하며 살아간다면 인생이 너무 가혹하게 느껴진다. 인생에는 자신의 힘으로는 어쩔 도리가 없는, 자신의 책임이 아닌 부분이 많다. 이렇게 인식하는 것만으로도 삶에 조금이나마 여유가 생기고, 다른 사람에게도 너그러워진다.

이번 장에서는 책임을 필요 이상 짊어지지 않기 위한 태도, 그리고 다른 사람에게도 관용을 베풀 수 있도록 '내 탓으로 하지 않는다'라는 관점에 대해 생각해보자.

LIST 19 □ 둘 중 하나를 택하지 않는다

KEYWORD ○ 모든 것은 포지션 토크

'인간의 발언은 결국 모두 포지션 토크(금융시장 등에서 자신의 위치에 유리한 정보를 퍼뜨리는 행위를 가리키는 용어로 인터넷상에서는 익명의 입장에서 자신에게 유리하게 특정 사안에 대해 칭찬하거나 비난하는 행위를 모두 통칭한다. 옮긴이)에 지나지 않는 것이 아닐까?' 하는 생각이 종종 든다.

인간은 어떤 환경에서 태어나고 자라 현재 어떤 위치에 있는지에 따라 보이는 것이 완전히 달라진다. 그리고 보이는 것이 달라지면 생각도 달라진다.

세상만사는 '어떤 위치에서 보는가'라는 시선의 위치에 따라 둥글게도 모나게도 보이는 것이다.

세상에는 수많은 토론과 언쟁이 일어나지만 각자의 위치에서 각자의 옳고 그름이 있을 뿐이다. 누군가가 100퍼센트

옳거나 100퍼센트 틀린 일이란 실상 존재하지 않는다.

그가 현재 서 있는 위치, 그가 지금껏 인생에서 겪은 경험, 그의 주변 인간관계, 그의 성격과 버릇 등 다양한 요소를 기반으로 A라는 의견을 택할지, B라는 의견을 지지할지가 달라질 뿐이다.

'포지션 토크'라고 하면 일반적으로 '치우쳐 있다' '이기적이다' 같은 이미지를 주지만, 결국 인간은 자기 위치를 기준으로 뭔가를 떠올릴 수밖에 없으므로 포지션 토크를 긍정적으로 받아들이는 태도 변화가 필요하다. 그것은 다른 이의 존재를 긍정하는 태도와도 이어진다.

세상에는 다양한 사람이 있으며 각각의 위치에서만 보이는 것들이 많다. 지구상에 이토록 많은 사람들이 존재하는 이유는 다양한 위치에서 다양한 생각을 하는 이들이 서로 의견을 교환하기 위해서가 아닐까. 내게는 보이지 않는 것들이 그에게는 보이고, 그에게는 보이지 않는 것이 내게는 보인다.

서로 다른 위치에서 각자의 세계를 보고 서로 다른 의견을 교환하는 과정에서 영향을 주고받아 다양한 것들이 생겨나고 변화한다. 이것이 세상의 재미있는 일면이다. 모두가 나와 똑

같은 모습에, 똑같은 생각을 가진 세상을 상상하면 오싹하다.

상반된 A와 B 두 가지 중 하나를 꼭 선택해야만 하는 것이 아니다. '각자 옳은 부분도 있고, 틀린 부분도 있다' '모두가 서로 다른 자신의 입장과 사정을 지니고 열심히 살아간다'라는 상상력과 포용력을 갖고 있으면 나와 의견이 다른 사람이나 하기 싫은 일에 조금은 너그러워질 수 있다.

편하고자 한다면 'A가 옳다, B는 틀리다'라고 단순하게 결론 내리는 쪽이 압도적으로 편하다. '내 의견이 틀렸을 수도 있다'와 같은 성가신 고민을 하지 않아도 되기 때문이다.

그러나 그 편한 길은 자신과 다른 것을 쉽게 포기하여 단순하고 빈곤한 세계로 이어지는 길이다. 너그럽게 살아가려면 'A도 아니고 B도 아닌' 길에서 망설이다가 어느 쪽에도 치우치지 않은 중간 길을 찾는 끈기가 필요하다.

어떤 일로 대립이 생겼을 때는 '우리 의견이 절대적으로 옳다'라거나 '그쪽은 아무것도 모르는 멍청이다'라는 식으로 자신과 생각이 다른 상대를 전면 부정하는 것이 아니라, 상대방도 합당한 논리와 사정이 나름대로 있다고 생각하는 편이 낫다. 그러면서 어떻게든 맞춰나갈 수 있는 부분이 무엇인지 찾아보자. 타자에게 관용을 가져야 결국 자신의 삶도 편해지는 것이다.

LIST 20 ☐ 내 실력으로 삼지 않는다

KEYWORD ⊙ 성공은 운에 달렸다

나는 내가 뭔가를 해내거나 다른 누군가를 이겼다고 해서 뿌듯한 마음은 들지 않는다.

누군가로부터 칭찬을 받아도 기쁘다는 마음보다는 '우연히 그렇게 됐을 뿐'이라는 생각만 든다. 아니, 오히려 미안함과 불편함을 느낀다. 3장 '들어가기'에서도 적었듯 성공과 실패 모두 내 몫이라기보다 주변 환경의 영향에 좌우되었다고 여기기 때문이다.

이 세상에는 그냥 열심히 하기만 하면 잘 풀리는 그런 단순한 일은 많지 않다.

동일하게 열심히 하는 두 사람일지라도 한쪽은 일이 잘 풀리고 다른 한쪽은 뜻대로 풀리지 않는 경우를 우리는 비일비재하게 본다.

결국 성공이란 운과 타이밍으로 정해지는 것이다. 부잣집에서 태어난 사람은 부유한 환경에서 성장하여 보다 유리한 조건 속에서 사회에 진입할 수 있다. 대도시에서 태어난 사람은 시골에서 태어난 사람에 비해 진학과 취직에 유리한 것 또한 부인할 수 없는 사실이다. 이렇듯 인간의 삶에는 스스로 결정할 수 없는 부분이 많다.

'타고난 환경에 책임을 돌리는 건 핑계에 불과하다. 아무리 좋은 환경에 태어났어도 노력하지 않으면 아무것도 안 된다'라고 말하는 사람도 있다.

분명 그런 부분도 있다. 하지만 정의와 평등에 대해 깊이 연구한 학자 존 롤스John Rawls는 "'노력'조차 혜택받은 가정환경의 산물이다"라는 말을 남겼다. 노력으로 문제를 극복하는 경험을 쌓고, 그로 인해 노력하려는 의지를 갖는 것조차 타고난 유전자와 집안의 경제력, 성장 과정에서 부모의 역할과 같은 요소에 영향을 받은 재능이라는 것이다.

'열악한 환경에서 태어났어도 치열한 노력을 통해 어떻게든 길을 개척해낸 사람도 많다. 그런 위인을 보고 배워야 한다'라고 주장하는 사람도 있다.

그런 사례도 분명 존재한다. '어렵고 빈곤한 환경을 딛고 성공한 이야기'는 극적인 요소가 있기에 구전으로 전해지기도 쉽다. 그런 성공 사례 자체를 두고 뭐라고 할 이유는 없다.

하지만 우연히 잘 풀린 소수의 성공 사례를 일반화해서는 안 된다. 그것은 '머리로만 생각하지 않는다'(LIST 5)에서 다룬 '인지의 왜곡' 유형 중 하나인 '극도의 일반화'이다.

우연히 잘 풀린 사람이 있다고 한들, 대부분의 사람들이 불리한 환경을 노력만으로 극복하기란 쉽지 않은 노릇이다. 성공한 몇몇 사례를 확대, 재생산하여 "이렇게 어려운 여건 속에서도 성공한 사람이 있지 않느냐, 지금 너의 문제는 모두 네 책임이다"라는 식으로 몰아붙이는 건 비합리적이다.

왜 이 사회는 '어렵고 힘든 환경을 노력을 통해 극복하여 성공한 사람의 이야기'를 좋아하는 걸까.

이야기에 극적인 요소가 있어서도 그럴 테지만, '성공은 우연이 아니라 노력으로 거머쥐는 것이다' '성공하지 못하는 건 그 사람의 노력이 부족해서다'라고 말하고 싶어서 그런 게 아닐까. 다시 말해 '운과 환경의 도움으로 성공을 거두었다'라는 사실을 인정하고 싶지 않은 불편한 마음이 밑바탕에 깔려 있는 것이다. 이 사회는 그런 소수의 성공 신화를 널리 홍보

함으로써 불평등한 시작점을 지적하는 불만의 목소리를 잠재우려고 한다.

그러니 성공했을 때나 실패했을 때나 '내 책임은 50퍼센트다'라고 생각하는 것이 자연스럽고 설득력 있는 사고방식이 아닐까. 그리고 성공을 거두었을 때 스스로 잘났다며 으스대는 것보다 "어쩌다 보니 우연히……"라며 말끝을 흐리는 편이 '겸손한 사람이다'라는 평가를 들으며 타인의 호감을 살 수 있다.

성공했을 때는 우연히 운이 좋아 잘 풀렸으니 감사하면 된다. 실패했을 때는 우연히 운이 나빴으니 어쩔 수 없다고 생각한다. 성공과 실패는 모두 '우연'이라고 생각하자.

LIST 21 □ 고립되지 않는다

KEYWORD ⊙ 구제불능끼리의 연대

난 회사원일 때보다 일을 관두고 나서 친구가 더 늘었다. 이유는 단순하다. 바로 체력과 정신력에 여유가 생겼기 때문이다. 앞에서도 말했지만 나는 다른 사람들보다 훨씬 쉽게 지치는 편이다.

회사원일 때는 별일 아닌 것에도 금세 지치곤 했다. 출퇴근을 하면서 모든 체력과 정신력을 소비하는 느낌이었다. 평일 밤에는 아무것도 하고 싶지 않아 집에 축 늘어져 있었고, 주말에는 밀린 집안일을 가까스로 해치우고 나면 완전히 뻗어버려서 누군가를 만날 여유가 없었다.

회사에는 마음을 털어놓을 사람이 없었고 회사 밖에서 다른 사람을 만날 기회도 대폭 줄어서 내 의지와 상관없이 고독한 하루하루를 보낼 수밖에 없었다. 세상에는 회사에서 고단한 일과를 보내고도 평일 밤은 물론 주말에도 정력적으로 자신의 취미를 즐기는 사람이 있다는 걸 알지만, 그런 에너지 넘치는 사람은 예외로 치자.

인간은 저마다 지닌 에너지의 양이 달라서 자신에게 맞는 방식을 찾을 수밖에 없다. 나는 회사에서 일하면 내 일상이 제대로 돌아가지 않는다고 판단해 회사를 그만두었다.

일을 관두고 나서 가장 두려웠던 건 사회와 접점이 사라져 고립되는 상황이었다. 그래서 시간과 체력에 여유가 생긴 만큼 그동안 못 만났던 사람들을 만나려고 최대한 노력했다.

회사를 관두고 도쿄에 상경한 이유도 인터넷으로 알게 된 이들이 도쿄에 많이 살기 때문이었다. 매일 남는 시간을 활용해 인터넷에 접속하여 블로그에 글을 기록하고 트위터에서 잡담을 나누다 보니 자연스레 친구가 늘어났다. 오프라인 모임 등에도 적극적으로 얼굴을 내밀었다.

회사에서는 말이 통하는 사람이 없어서 친구를 못 만들었지만, 인터넷에서는 세상에 거의 알려지지 않았을 것 같은 인디 밴드에 대한 이야기를 나눌 수 있는 취미와 취향이 맞는 사람을 어렵지 않게 만날 수 있었다. 그러는 동안 차차 사람이 모이는 장소를 내 손으로 만들어보자는 생각이 들어 셰어하우스를 시작하기도 했다.

다만 나는 천성이 게으른 구제불능의 인간인지라 '유유상종'이라고 내 주변에 모이는 이들도 하나같이 생활 능력이 떨어지는 구제불능의 작자들이 많았다. 회사에서 잘린 사람, 빈털터리, 정신적으로 불안한 사람, 알코올중독자 등이 수두룩했다.

가족을 꾸리고 직장 생활을 하며 생계를 건사하는 것과 같은 사회 다수파의 생활 방식에 제대로 적응하지 못하는 사람은 사회에서 여러모로 불리하다. 그렇기에 그런 이들이야말로 같은 공간을 공유하고 네트워크를 형성하는 게 중요하다.

아무리 사회적 약자라 할지라도 여럿이 모여 있으면 서로 도움이 될 수 있는 부분이 있다. 사소하게라도 '스마트폰이나 컴퓨터를 싸게 구입하는 방법'이라든가, '어떤 이벤트 장소에 가면 공짜로 밥을 먹을 수 있다'와 같은 정보를 서로 교환할 수 있는 것이다. 나도 셰어하우스에서 거처가 없는 친구에게 방을 빌려주기도 했고, 일자리를 구하는 친구에게 아르바이트 자리를 소개하기도 했다.

한 지인은 도쿄에서 실패를 거듭하다가 결국 회사에서 잘리며 월세를 낼 수 없게 되자, 지방에 있는 본가로 내려갔다.

하지만 SNS에 올리는 소식들을 보면 부모와의 사이도 원만하지 않아서 하루하루 고통스러워 보였다. 그래서 나는 오지랖이라 할 수 있겠지만 "일단 우리 집으로 와"라고 하여 그를 도쿄로 불렀다.

그는 얼마간 우리 집에서 식객 생활을 했는데, "아르바이트를 모집하는데 한가한 사람이 없어요?"라고 묻는 지인의 말에 나는 그를 소개했다. 그는 그곳에 취직했다가 이제는 정직원까지 되었다. 물론 이건 우연히 잘 풀린 사례일 뿐이다.

근본적으로 인간이 타인을 구원하기는 어렵다. 각자가 품은 고민과 문제는 결국 그 사람 스스로 해결할 수밖에 없는 경우가 많기 때문이다. 그럼에도 대단한 도움을 주지 않더라도 가볍게 잡담을 나누거나 함께 밥을 먹을 사람이 있는 것만으로도 의지가 된다. 사회에서 소외당하는 사람일수록 고립되기 쉽고, 고립되다 보면 점점 더 상황은 악화된다.

삶이란 원래 힘든 일투성이지만, 구제불능끼리라도 모여 있으면 그래도 살 의지가 조금이나마 생긴다.

내가 본가에서 살던 무렵, 그리고 회사원이던 시절 심한 고독과 무력감을 느꼈던 이유는 주변에 나와 비슷해 보이는 구제불능을 찾아볼 수 없었기 때문이다. 주변 사람들은 모두 무난하게 회사에 적응했고 학교나 회사, 사회에서 내가 받은 위화감을 그들은 느끼지 못하는 것처럼 보였다. 말이 통하는 사람이 전혀 없었다.

그러다 내가 나와 같은 구제불능 친구들을 만들 수 있던 것은 인터넷과 도시라는 공간이었다. 인터넷 세상과 도시에는 다양한 소수가 저마다 커뮤니티를 이루며 살아가고 있다. 내가 계속 지방에 거주하면서 인터넷도 하지 않고 살았다면 아무도 모르는 음악이나 유명하지 않은 작가에 대해 대화를 나눌 친구를 찾기가 무척이나 어려웠을 것이다.

다수파의 감각을 지닌 사람은 일상 속에서 친구가 될 사람을 찾기가 그리 어렵지 않을지도 모른다. 그러나 소수파의 감각을 지닌 사람은 자신과 말이 통하는 사람을 만나려면 다수파의 감각을 지닌 사람과는 다른 다양한 경로를 이용해야 한다.

다수파의 삶의 방식에 적응하지 못한 사람은 가족 안에서, 회사 안에서, 그리고 사회 안에서 살아가는 데 요모조모 불리하다. 이 사회의 구조와 규칙의 대다수는 다수파를 위해 만들어졌기 때문이다. 하지만 이런 사회적 약자일지라도 서로 모여 있으면 부족한 부분을 채워줄 수 있다. 사회적 약자일수록, 소수파일수록 더더욱 고립되지 말고 적극적으로 타인과 연결고리를 만들자.

LIST 22 □ 너무 많은 인연을 맺지 않는다

KEYWORD ⊙ 인간관계의 상한치

이제는 인터넷과 SNS의 발달로 과거보다 인간관계를 맺기가 훨씬 쉬워졌다.

10년 쯤 전만 해도 '인터넷은 정말 대단해! 친구를 많이 만들자!' 하며 무작정 들떠 있던 시절도 있었지만 요즘은 무턱대고 인간관계를 넓히는 게 좋지만은 않다는 것을 깨달았다.

오히려 지금은 어느 정도 선에서 인간관계를 제한해야 할지를 고민해야 하는 시대가 되었다.

애초에 불특정 다수의 사람들과 관계를 맺고 그들에게 개인적인 정보를 공개하는 일은 장점보다 단점이 더 많다.

트위터에서 그저 혼잣말을 중얼거렸을 뿐인데 아무런 친분이 없는 사람으로부터 멘션을 받으면 괜히 곤혹스럽기만 하다. 게다가 그리 가깝지도 않은 지인이나 예전 회사 동료에게 개인적인 소식이 전해져서 어색한 상황이 되는 경우도 있다. 또한 의도치 않게 인터넷상에서 논쟁에 휘말려 극심한 스트레스를 받을 때마저 있었다.

'둘 중 하나를 택하지 않는다'(LIST 19)에서도 다뤘듯이 세상에는 나와 다른 생각을 지닌 이들이 숱하게 많다. 그런 미지의 사람들과 인터넷으로 이어져봐야 언쟁과 분란이 일어날 뿐이다.

그래서 최근 SNS에서는 불특정다수에게 모두 공개되지 않도록 자기 글을 특정 그룹에만 공개하거나, 불편한 사람에게는 글을 보이지 않도록 블록^block하고, 기피하는 인물의 발언이 보이지 않도록 뮤트^mute하는 식으로 공개 범위가 세분화되어 있다.

인터넷에서 나와 맞지 않는 사람과 쓸데없이 관계되지 않도록 꼼꼼히 분별하는 자세가 필요하게 된 것이다.

한 사람이 갖고 있는 인간관계 처리 능력에는 한계가 있을 수밖에 없다. SNS에서 수천 명의 사람과 네트워크가 형성되어 있다고 해도 그것은 일종의 허수에 불과하다.

로빈 던바^Robin Dunbar라는 진화생물학자가 제시한 설에 따르면 인간이 관계를 맺을 수 있는 안정된 숫자는 평균 150명 정도라고 한다. 이를 '던바 수'라고 부른다.

'던바 수'는 인간과 유사한 영장류를 조사한 결과 대뇌 신피질의 두께와 그 동물의 군집 수가 비례한다는 데이터를 통해 도출된 자료이다. 즉 대뇌 신피질 두께를 보면 인간은 최근 수천 년, 혹은 수만 년 동안 평생 동안 평균 150명 정도의 타인과 관계를 맺는 삶에 적응되어, 뇌 역시 그 수준의 집단 생활에 최적화되었다는 뜻이다.

물론 아주 먼 미래에 인류가 인터넷 환경에 더 적응하면 대뇌 신피질이 한층 두꺼워져서 매일 수천 명과 밀접한 커뮤니케이션을 나누며 살아가도록 진화할지도 모를 일이다. 그러나 유전자가 변화하려면 수천 년 혹은 수만 년이 걸린다. 미래에는 어떻게 될지 몰라도 인터넷이 일반에 보급된 지 고작 20년 정도밖에 되지 않았고, 애초에 인간이 수십 명 남짓 모여 사는 촌락을 벗어나 수십만 명이나 되는 도시에서 살아가게 된 것도 최근 100년 사이의 일이다. 핵심은 인간의 뇌 사양이 수많은 사람과 일상적으로 커뮤니케이션하는 현대 사회를 아직 따라잡지 못했다는 것이다.

둥글게 둥글게를 벗어나도 좋다.

그러니 인터넷과 도시라는 공간적 이점을 활용해 인간관계를 넓히는 것도 좋지만 소화도 못 할 만큼 쓸데없이 넓히는 데 집착할 필요는 없다. 자기 주변의 대략 150명 남짓 되는 사람들과의 인연부터 소중하게 여기고 착실히 맺어가는 것이 좋다.

CHECK! 로빈 던바, 《발칙한 진화론》, 21세기북스 (국내 출간)

LIST 23 □ 스케줄을 지키지 않는다

KEYWORD ○ '내 마음대로 행동'할 자유

스케줄이라는 것은 원래 지키지 않아야 더 재밌는 법이다. 학생 때 수업을 빼먹으면 뭘 하든 즐겁고 행복했던 경험은 다들 있을 것이다.

그저 평일 낮에 주변을 어슬렁거리거나 공원에 가는 것만으로도 가슴이 두근거린다. 그 두근거림의 정체는 뭐였을까.

아마 인간은 충동적으로 스케줄을 바꿀 때 대단한 즐거움을 느끼는 것 같다.

계획을 그대로 지키는 것이라면 기계도 할 수 있다. 계획을 뒤집는 것이야말로 인간이 사는 기쁨이다.

물론 성인이 되면 학생 때와 달리 땡땡이를 치기 어려워지지만 가끔은 정해진 계획을 지키지 않아야 일상에 지치지 않고 활기차게 살아갈 수 있다.

내가 가끔 저지르는 일탈은 라이브 공연 같은 이벤트의 티켓을 샀다가 막상 당일에 가지 않는 것이다. 이 방법은 내가 가지 않아도 누군가에게 민폐를 끼치지 않으니 마음 편히 저지를 수 있다.

천 엔짜리 표를 사서 결국 가지 않았는데 천 엔 이상의 즐거움을 얻는 느낌이다. 아마 천 엔짜리 지폐를 태울 때의 쾌감과 비슷하지 않을까. 물론 태워본 적은 없지만.

덧붙이자면 현행법으로는 동전에 구멍을 뚫거나 파손을 하면 처벌받지만 지폐를 찢거나 태우는 것은 법에 접촉되지 않는다. 고로 파손할 거라면 지폐 쪽을 선택하자.

인간관계에 있어서도 주변 사람들이 나를 '원래 스케줄을 잘 지키지 않는 사람'이라고 생각하는 게 편하다.

나라는 인간은 이미 주변에서도 그렇게 낙인 찍혀서 어떤 행사에 초청받아도 일단 "오, 재밌어 보이네. 갈 수 있으면 갈게"라고 하고 정작 가지 않을 때가 많지만 가지 않는다고 나를 탓하는 사람이 거의 없다.

계속 그러다 보면 '저 사람은 온다고 해도 잘 안 오는 사람'이라는 인식이 생기고, 일단 그런 이미지가 정착하면 가끔 정

가끔 아무것도 하지 말자.

말로 갔을 때 매우 놀라며 반갑게 맞아준다. '불량 학생이 드물게 올바른 행동을 하면 큰 칭찬을 듣는 것'과 같은 이치로 타인의 기대라는 것은 낮을수록 삶이 편해지고 득 볼 일도 많다.

내가 스케줄을 잘 못 지키는 만큼 내가 다른 사람한테 뭔가를 권유할 때도 "꼭 오지 않아도 좋으니 마음이 동하면 와"라고 할 때가 많다. 그러는 게 서로 마음이 편하다.

물론 스케줄을 깰 때는 그럴싸한 구실을 만들어두는 게 상대를 위한 최소한의 배려다.

"몸이 안 좋아져서……"라든지 "좀 피곤해서……" 같은 핑계는 기본이다. 평소에 '쉽게 지치는 사람' '몸이 약한 사람' 같은 이미지를 만들어두면 거절하기도 쉽다. 또 전화라도 걸려온 것처럼 휴대전화를 꺼내서는 "급하게 가족한테서 연락이 왔네"라든가 "갑자기 다른 곳에 긴급한 용무가 생겨서……"라는 식으로 빠져나가는 것도 교과서적인 방법이다.

A 그룹에다가는 'B와 관련된 용무로 바빠서'라고 하고, B 쪽에다가는 'A쪽 일로 바빠서'라고 해두면 어느 쪽이든 나름의 구실을 대가며 내 페이스로 움직일 수 있게 된다.

두 곳 이상의 집단에 속해 있으면 어느 한 곳에 필요 이상 속박당하지 않고 자유롭게 움직일 수 있는 구실을 만들 수 있어 편하다. 이쪽인지 저쪽인지 불분명한 상태로 양쪽의 장점만을 취해보자.

LIST 24 □ 차별하지 않는다

KEYWORD ● 생물로서의 경계 의식

인간은 어떻게든 집단을 형성하는 생물이다. 그래서 자신이 속한 집단에 애착을 가지기 쉽다. 그러나 애착이 이상하게 뒤틀리면 다른 집단을 향한 반감으로 표출되기도 한다.

자기가 속한 집단에 대한 소속감이나 타 집단에 향한 반감을 떠올리면 나는 늘 초등학생 시절이 생각난다.

초등학생 당시 별다른 이유도 없는데 왠지 옆 학교 아이들이 불편해서 그들을 경계했다. 옆 학교 동네에 가면 뭔가 안 좋은 일이 생길 것 같은 두려움에 근처에 얼씬도 하지 않았다.

그런데 중학교에 진학하자 옆 학교 아이들과 같은 학교에 다니게 됐다. 그 친구들과 한 교실에서 지내면서 내가 가졌던 경계심이나 두려움은 대체 어디서 기인한 건지 알 수 없을 정도로 사라졌고, 아무렇지도 않게 웃고 떠들게 되었다. 하지만 이상

가끔 틈을 내어주는 것도 좋다.

하게도 다른 중학교 아이들이나 다른 동네에 사는 아이들과는 잘 어울리기 힘들었다. 그러다 고등학교에 들어가면서 그렇게 어려웠던 친구들과 한데 섞이면서 다시 편해졌던 것이다.

이와 비슷한 경험은 또 있다. 나는 간사이 출신이라, 간사이 사투리가 아닌 다른 지역의 말에 엄청난 알레르기가 있었다. 어린 시절에는 '계집애처럼 나긋나긋한 간토 ^{※東} 사투리를 쓰는 녀석과는 절대 친구가 될 수 없을 거야'라고 믿어 의심치 않았다. 그런데 대학에 들어가서 간사이가 아닌 다른 지역 출신들과 어울릴 기회가 잦아지자, 간토는 물론 도호쿠 ^{東北}, 홋카이도 ^{北海道} 출신까지 모든 지역의 학생들과 친구가 되었다.

조금 더 시야를 넓혀 일본을 넘어선 다른 지역, 전 세계 어느 나라를 대입해도 결국 마찬가지일 것이다.

낯선 집단에 경계심을 느끼는 것은 생물로서의 본능이다. 하지만 실제 다른 집단에 속한 사람을 한 명 한 명 만나다 보면 그런 허술한 소속감으로 사람을 판단하는 것이 얼마나 어리석은 행동인지 깨닫게 된다.

어디에서 어디까지가 내 편, 혹은 내 동료라는 구분은 결국 상대적인 것이다. 외계인의 지구 침략을 다룬 SF 영화를 보면 지구인은 하나로 뭉쳐 싸우지 않는가.

　인접국과의 관계를 봐도 오히려 멀리 떨어진 국가와의 관계보다 더 불편한 경우가 많다. 일본을 예로 들면 중국과 한국에 배타적인 감정을 품은 사람들이 꽤 있다. 나는 태국에 잠시 살았던 적이 있는데 태국인들 중에서도 인접국인 베트남과 인도 사람을 보면 멸시와 경계가 뒤섞인 복잡한 감정을 드러내는 사람들이 있었다.

　이웃 나라로 서로 면해 있다 보면 실제 이해관계가 대립할 때도 있고, 무엇보다 문화와 인종에 있어서 '언뜻 보기엔 우리와 닮았는데 다른 부분이 있다'라는 느낌에 혐오적인 위화감을 느끼는 경향이 있다.

　하지만 '저 사람들은 우리와 달라'라는 의식 속의 '우리'라는 범주 또한 내부를 세세히 보면 '옆 현縣에 사는 사람들은 우리와 달라'라며 나뉘는 '우리'이고, '옆 동네 사람들은 우리와 달라'로 다시 세분화되는 '우리'일 뿐이다.

　구분되는 지점을 최대한 감추고 소속감을 갖기 위해 타 집단을 적으로 설정하는 정치 수법도 실제로 존재하지만, 인간의 부정적인 감정을 부추기는 방식을 결코 품위 있다고 할 수는 없다.

애초에 자기 옆 동네, 옆 지역의 사람들에게조차 경계심을 갖는 게 인간이란 족속이라고 생각하면, '그들'과 '우리'라는 같은 허술한 묶음으로 다른 집단을 배척하는 행위가 얼마나 무익한지 쉽게 깨달을 수 있다.

인간은 원래 약해지면 누군가를 공격하고 싶어지는 존재이지만, 안일한 차별 의식에 휘둘리지 않도록 주의하자.

LIST 25 □ 같은 씨름판에서 싸우지 않는다

KEYWORD ○ 직업훈련과 프로그래머

회사를 그만두고 실업자가 되자 '프로그래밍을 배워서 웹사이트를 만들 수 있으면 그걸로 먹고살 수 있지 않을까'라는 생각에 독학으로 프로그래밍을 공부하기 시작했다.

도쿄에 상경하여 프로그래머들이 모이는 스터디 모임에도 참석했고, '긱하우스'라는 셰어하우스를 만들기도 했다. 어찌어찌 웹사이트를 만들며 생활을 건사하는 게 불가능하지 않은 수준에는 이르렀지만, 프로그래머로서의 삶은 예전처럼 평범하게 일하는 것과 동일한 수준, 아니 어쩌면 그 이상의 성실함을 요구한다는 걸 깨닫고 결국 포기했다.

프로그래머로 일을 하다 보니 '이건 정교한 프라모델을 조립할 때와 같은 끈기를 필요로 하는구나······'라는 것을 알게 된 것이다. 애초에 내 성격과 맞지 않는 일이었던 것이다.

다만 그때 다양한 프로그래머들과 인간관계를 맺을 수 있었던 경험은 지금까지도 큰 도움이 되고 있다.

세상에는 참 수많은 타입의 프로그래머들이 있다. 프로그래머가 아닌 다른 일을 해도 능수능란하게 잘했을 사람도 있지만, '이 사람은 프로그래밍을 안 했다면 혼자 방에서 굶어죽지 않았을까?'라고 걱정될 만큼 사회성과 협조성이 부족한 특이한 인물도 상당히 많았다. 사실 나도 그런 경향의 인간인지라, 나도 모르게 마음이 끌려 그런 특이한 이들과 인연을 맺는 경우가 많다.

그러면서 이런 사람들은 어떤 과정을 통해 일자리를 얻었을까 하는 의문이 절로 들었다. 집에서 게임과 인터넷만 하다 보니 프로그래밍과 관련된 기술은 저절로 익히게 되었고, 그러다가 인터넷에서 알게 된 지인의 회사에 우연히 들어가게 된 걸까.

어쨌든 내가 아는 프로그래머 지인 중에는 은둔형 외톨이, 노숙자, 극단 단원, 록그룹 기타리스트 등 결코 평범하지 않은 과거를 갖고 있는 사람들이 꽤 있다.

일반적인 회사 생활은 적응하기 어려워도 프로그래머라면

위태위태한 수준일지라도 어쨌든 간에 버틸 수 있다는 건, 그 업계 자체가 컴퓨터 프로그래밍 하나에만 몰두하면 일이 가능해서일 것이다. 소규모의 벤처 회사 같은 곳은 실력만 어느 정도 받쳐주면 들어가기가 그리 어렵지는 않다. 실력이 있으면 이직 또한 어렵지 않은 세계라 몇 년 단위로 조건이 좋은 회사로 옮기는 사람도 꽤 있다.

자기만의 기술을 갖고 있으면 사회성과 협조성이 다소 떨어져도 큰 문제가 없는 세계인 것이다. 과거의 수공예 장인 같은 존재에 비교할 수 있을까. 술고래에 성격은 괴팍하지만 실력은 갖춘, 그래도 본성은 나쁘지 않은 사람이면 먹고사는 데는 지장이 없다, 라는 식이랄까.

하지만 사회성과 협조성이 다소 떨어져도 어떻게든 통용된다는 말이지, 그 떨어지는 정도가 일정 수준을 넘어서면 역시 함께 일하기란 쉽지 않다. 또한 회사에 속하지 않은 프리랜서 프로그래머의 수는 실제로는 그리 많지 않고 계약직의 형태로라도 회사에 고용된 프로그래머가 대부분이다.

프리랜서로 일하며 재택근무할 수 있는 환경은 일단 남들처럼 회사에서 몇 년 동안 근무하며 경험과 인맥을 쌓은 후에나 가질 수 있는 목표인 것이다.

아마추어가 IT 계열 기술을 배울 때는 직업훈련을 받는 편이 유리하다.

직업훈련이라 하면 용접이나 자동차 수리와 같은 공업 관련 기술을 배우는 곳의 이미지를 떠올리는데, 그건 옛말이고 요즘 직업훈련 프로그램에는 IT 계열 강좌가 많다. 나도 실업자가 된 뒤 한때 웹디자인 관련 직업훈련을 받았다. 다만 그 역시 매일 아침 일어나 다니기가 힘들어 중간에 그만뒀지만…… 관심 있는 사람은 일단 직업훈련소에 가서 상담해보는 것을 추천한다.

다만 직업훈련 프로그램도 도시와 지방 간에 격차가 있고 지방에는 강좌의 종류와 수가 적으니 지방에 거주하는 사람은 가능하면 큰 도시로 가는 게 낫다.

기술을 익혀서 어느 정도 먹고살 수 있는 수입원이 있으면 사회에서 살기도 편해진다. 고정된 공간이나 회사에 얽매이지 않고 옮겨 다니기도 쉽다. 덧붙이자면 나는 지금 책을 내거나 블로그에 글을 써서 생계를 이어가고 있다.

일하는 방식은 대체로 두 가지로 나뉜다.

하나는 그리 특별한 일을 하는 것도 아닌데 한곳에 머

무르며 주변과의 협조성을 중요하게 여기는 **방식으로** 대부분 회사원과 공무원 등이 이쪽에 속한다.

또 하나는 어떤 기술을 익혀 그것을 밑바탕으로 다양한 곳을 전전하며 살아가는 프리랜서 같은 방식이다.

두 가지 중 지금의 사회에서 살아가기 편한 쪽은 타인과의 협조성을 중요하게 여기는 전자일 것이다. 학창 시절 다른 사람과 맞춰나가는 게 그리 어렵지 않았던 사람은 전자를 택하는 게 좋다. 사회에서도 그쪽이 다수파라 살아가기 쉽고 생활도 안정적으로 꾸릴 수 있다.

그러나 세상에는 나와 내 친구들처럼 그런 다수파의 삶의 방식에 도무지 적응하지 못하는 타입의 사람이 있다. 그렇게 생각하는 사람은 뭐든 좋으니 기술을 익혀두자.

물론 아무리 기술을 갖고 있어도 이직을 반복하거나 프리랜서로 일하는 삶이란 썩 안정적이지 않아서 생계가 곤란해지는 경우가 비일비재하다. 그러니 모든 이에게 추천할 수는 없다.

그럼에도 '매일 정해진 시간에 일어나는 일이 너무 괴롭다'라거나 '동료, 상사의 입맛에 맞춰서 일하는 것이 즐겁지 않다'라고 생각하는 사람이 세상에는 분명 존재하고, 그런 이들은 살아가기 위해 자신의 무기가 되어줄 기술을 지니는 것을 목표로 할 수밖에 없다.

　다수파를 위해 만들어진 '일하는 방식' 속에서 소수파는 불리한 싸움을 강요당한다. 같은 씨름판에서 싸워도 승산이 없으니 최대한 자신에게 맞는 장소를 찾도록 하자.

LIST 26 □ 감정을 억누르지 않는다

KEYWORD ◐ '난 이제 틀렸어'라는 의식

자주 어울리는 친구들 사이에서 '난 이제 틀렸어'라는 의식이
유행한 적이 있다.

그 의식이란 게 대단한 건 아니다. 풀이 팍 죽어 '뭐든 되는
일이 없어' '죽고 싶어' 같은 기분이 들 때 바닥에 벌렁 드러
누워 손발을 버둥거리거나 양손으로 머리카락을 쥐어뜯으며
"으아! 난 이제 틀렸어! 대체 어떡하라는 거야!"라며 마구마
구 소리치는 것이다.

정말로 눈앞에 희망이 사라져 끝없는 좌절에 빠져들 때 이
의식을 하면 마음을 조금이나마 가다듬을 수 있다. 해보면 확
실히 마음이 꽤 후련해져서 긍정적이 되는 느낌이 든다.

"지금 정신 상태가 영 아니라서 집에 가서 '난 이제 틀렸어'
를 해야겠어."

"어제는 되는 일이 없어서 '난 이제 틀렸어'를 세 번 정도 했

다니까."

이런 대화를 지인들과 자주 나누곤 한다.

다 큰 성인은 감정을 겉으로 드러내서는 안 된다는 사회적인 통념이 있지만, 실제 사회에 나가보면 어엿한 성인일지라도 한 꺼풀 벗겨보면 '저 사람의 호감을 사고 싶다'라든가 '저인간은 그냥 마음에 안 들어'처럼 아이처럼 지극히 단선적이고 감정적인 이유로 행동하는 경우를 자주 볼 수 있다. 합리적으로 보이는 인간의 그 어떤 행동에도 깊숙한 곳에는 비합리적인 감정이 자리 잡고 있다.

인간은 감정 없이 살 수 없다. 인간의 행동과 판단이 대부분 감정적인 요인에서 비롯되었다는 사실을 있는 그대로 받아들일 필요가 있다. 만약 감정이 없으면 인간은 행동의 지침이나 원동력을 잃어버릴 것이다.

그러니 자신의 감정을 비합리적이라며 무시하기보다는 감정이 밑바닥에 치달아서 기로에 몰렸을 때, 아무리 볼썽사납더라도 감정을 마구 방출해보는 게 어떨까. 잔뜩 움츠러든 감정을 밖으로 꺼내지 않고 계속 쌓아두면 언제 폭발할지 모를 일이다. 그러니 '난 이제 틀렸어' 의식처럼 가끔 가스를 빼주는 행위가 필요하다.

아라키 히로히코荒木飛呂彦의 전설적인 만화 《죠죠의 기묘한 모험》 제2부에서 주인공 죠죠가 에시디시라는 적과 목숨을 건 사투를 벌이고 있는데 에시디시가 갑자기 눈물을 펑펑 흘리며 어린아이처럼 우는 에피소드가 나온다. 에시디시는 분노가 폭발할 것 같을 때 사리분별을 못 하는 자신을 제어하기 위해 의식적으로 울음을 터뜨려 감정을 가라앉힌 것이었다.

나 또한 누구든 가끔은 오열을 터뜨리는 순간이 필요하다고 생각한다. 심야에 포장마차가 즐비한 거리를 걷다 보면 술에 취해 엉엉 우는 사람과 가끔 마주치게 된다. 그 사람은 일종의 카타르시스를 경험하는 것이다.

나는 블로그에 글을 쓰는 일이 질릴 때면 '재밌는 게 하나도 없다. 지루해. 괴로워' 같은 질척거리는 감정을 글로 여과 없이 쏟아낼 때가 있다. 그러고 나면 왠지 후련해진다. 남의 눈을 의식해서 남들 구미에 맞는 글만 블로그에다 썼다면 이렇게 몇 년이나 이어오지 못했을 것이다.

트위터도 주 계정과는 별개로 '피곤해'나 '이젠 틀렸어' 같은 불평만 주로 쓰는 계정을 따로 갖고 있다. 보는 사람이 거의 없는 계정이지만 힘들 때 비밀 계정에 '지쳤어'라고 적으면 기분이 한결 나아진다. 그런 앓는 소리를 인터넷에 적는 이유는 '누가 보든 안 보든 특정한 누군가를 향해 내뱉는 발언이 아닌 만큼 다른 사람에게 부담을 주지 않는다'라는 생각이 마음을 편하게 하기 때문이다.

앓는 소리나 불만은 다른 사람이 직접 들어준다면야 좋겠지만 그럴 경우 상대에게 부담을 주게 된다. 그러나 인터넷이라면 마음껏 지껄일 수 있다. 인터넷은 '임금님 귀는 당나귀 귀'에 나오는, 하고 싶은 말을 마음껏 외쳐서 후련해지는 대나무 숲 같은 곳이다.

인간에게는 앓는 소리를 하거나 불만을 내뱉거나, 눈물을 펑펑 흘리는 것과 같은 감정을 표출하는 행위가 가끔 필요하다. 힘들어지면 참지 말고 울음을 터뜨리거나 소리를 빽 지르며 손발을 버둥거려보자.

CHECK! 아라키 히로히코, 《죠죠의 기묘한 모험》, 애니북스 (국내 출간)

LIST 27 □ 절망하지 않는다

KEYWORD ○ 배고프다, 춥다, 이젠 죽고 싶다

20년 가까이 연재됐던 하루키 에쓰미[はるきえつみ] 선생의 만화《꼬마숙녀 치에》를 보면 포장마차 라면 가게에서 초등학생 치에가 할머니에게 이런 말을 듣는 장면이 있다.

"인간에게 가장 괴로운 건 배고픔과 추위란다."

"제 밥줄도 해결하지 못하는데 머리에 제대로 된 생각이란게 박히겠냐. 그러니 노이로제인지 뭔지 그런 거에 걸리는 거지."

"배고프다, 춥다, 이젠 죽고 싶다. 불행이란 이 순서로 오는 게다."

그러니 불행해지고 싶지 않으면 일단 뭔가 따뜻한 것을 먹어야 한다고 할머니는 말한다.

'인간이 어떤 상황에서 행복을 느끼는가'와 같은 질문은 언뜻 보기에 고도의 정신적인 차원에서 이루어지는 문제 같지만, 사실 '춥지 않다'라든가 '배고프지 않다'와 같은 즉물적이고 단순한 조건에 좌우되는 경우가 많다.

'이제는 뭘 해도 안 돼. 죽을 수밖에 없어'와 같은 절망적인 마음에 사로잡히는 경우를 실제로 따져보면 일시적으로 기분이 가라앉아 사고의 폭이 좁아졌을 가능성이 크다. 그런 만큼 충동적으로 목숨을 끊는 극단적인 선택은 결코 해서는 안 된다.

마음이 바닥을 쳤을 때는 '아무리 생각해도 이젠 어쩔 도리가 없다. 모든 게 끝이야'라는 생각이 들 수밖에 없겠지만, 잠시 휴식을 취하고 마음을 가다듬고 다시 생각하면 어떻게든 만회할 수 있는 길이 보이기 마련이다. 인생에서 정말로 어쩔 수 없고 돌이킬 수 없는 상황이란 그리 많지 않다.

극단적인 생각에 사로잡혔을 때는 휴대전화와 컴퓨터 전원을 끄고 좋아하는 것을 마음껏 먹은 후 방에 틀어박혀 실컷 잠을 자자.

다른 사람, 회사, 책임과 의무 같은 것은 다 내던지자. 하

행복은 가까이에 두는 것이 좋다.

기 싫은 일과 성가신 일은 모조리 내팽개치고, 좋아하는 일만 하며 지내자. 시간을 계속해서 낭비하자. '감정을 억누르지 않는다'(LIST 26)에서 적었듯이 오열하거나 바닥에 드러누워 손발을 버둥거리는 것도 좋다고 생각한다.

나는 감정적으로 힘들 때는 몇 번이나 읽었던 시리즈 만화를 되읽거나, 감자 칩을 여러 봉지 사 와서 무서운 기세로 해치우곤 한다. 그런 말초적인 자극을 느끼는 동안에는 시름을 잠시나마 잊을 수 있기 때문이다. 그렇게 잠시 나만의 공간 속에 틀어박혀 있다 보면 머지않아 체력과 정신력이 회복돼 '조금만 더 힘내볼까'라는 긍정적인 생각의 싹이 발아한다.

인간은 체력과 정신력만 충분하면 아무것도 하지 않고 가만히 있는 무위의 상태에 싫증을 느끼기 마련이다. 자연히 뭔가 생산적인 일을 하고 싶은 마음이 샘솟는 생물이다.

절망했을 때는 일단 목숨 이외의 모든 것을 버리고 끊임없이 도망쳐보자.

내가 아닌 다른 누군가가, 이를테면 가족이나 친구가 절망에 빠졌을 때는 어떻게 하면 좋을까. 진흙탕의 깊이는 진흙탕에 빠져 있는 사람밖에는 모른다. 결국 본인이 떠안은 고민은 스스로 어떻게든 할 수밖에 없고, 다른 사람이 해결할 수 있는 것은 아니다.

주변 사람이 할 수 있는 일이라고는 시답잖은 말을 건다든지 밥을 먹자고 불러내서 맛있는 것을 사주는 정도일 것이다. 하지만 원래 인간이 타인에게 해줄 수 있는 것이란 그 정도뿐이고, 그걸로 충분하다고 본다.

주변에 죽을 것처럼 힘들어 보이는 사람이 있으면 일단 따뜻한 것을 먹여보자.

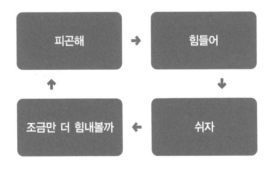

인생은 대체로 이것의 반복이다

CHECK! 하루키 에쓰미, 《꼬마숙녀 치에》, 후타바샤

4장

삶을 편하게 하는

기대하지 않을 것 리스트

세상과 타인은
나의 기대대로 움직여주지 않는다

필요 이상의 기대와
이상을 버리고
적당히 포기하며 살아가는
비법이 필요하다

4장
삶을 편하게 하는
기대하지 않을 것 리스트

들어가기: 포기하면 삶은 편해진다?

인생에서 힘든 순간이 많은 이유는 세상이 내 뜻대로 움직여 주지 않기 때문이다.

'이랬으면 좋겠다'거나 '이런 상황을 벗어나고 싶다' 같은 기대와 집착이 많을수록 괴로움도 늘어난다. 그러니 되도록 기대하지 않으면 살아가는 것이 더 편해진다.

그렇다고 모든 기대와 희망을 버리고 세상만사를 포기하고 살라는 말은 아니다. 다만 머릿속에서 이상을 부풀릴수록 이상과 현실의 간극으로 힘들어진다. 그러니 최대한 정확하게 현실을 인식해 망상을 크게 부풀리지 말자는 말이다.

부처의 일화 중에 이런 이야기가 있다.

어린 자식을 병으로 잃은 모친이 자식의 죽음을 받아들이지 못하고 슬픔에 가득 차 부처를 찾았다.

부처는 그녀에게 이렇게 말한다.

"'지금껏 죽은 사람이 한 명도 나오지 않은 집'에서 양귀비 씨앗을 얻어오면 어떻게든 도와드리겠습니다."

그녀는 그 말에 수많은 집을 전전했지만 결국 죽은 사람이 나오지 않은 집은 찾을 수 없었다.

가까운 이의 죽음에 초연한 인간은 세상에 존재하지 않는다. 이야기는 인간의 죽음으로 인한 슬픔은 나에게만 찾아오는 것이 아니라 세상을 가득 메운 평범한 감정이라는 깨달음을 전한다.

부처의 가르침을 거칠게 요약하면 이렇다.

자식의 죽음이 슬픈 이유는 현실에 대한 인식이 무르기 때문이다. 인간은 누구든 갑작스럽게 죽기 마련이다. 자식의 죽음을 받아들이지 못하는 것은 '내 아이는 갑자기 죽을 리 없다'라고 굳게 믿었기 때문이다. 그러나 그 믿음은 잘못된 것이다. 생명이 있는 존재는 모두 돌연 죽기 마련이고, 형태가 있는 것은 시간이 흘러가면 파괴되기 마련이다. 1초 뒤에 무슨 일이 일어날지 모르는 것이 이 세계다.

진리를 정확하게 인식하면 가족이 죽든 재난이 일어나든 그것은 세상의 원래 모습에 지나지 않으므로 괴롭지 않을 것이다. 이러한 경지에 도달하면 무슨 일에도 흔들리지 않고 슬픔을 느끼지 않으며 살 수 있을 것이다.

그러나 깨달음의 경지에 도달할 수 있는 사람은 극히 일부에 불과하리라. 평범한 사람은 가까운 사람이 죽으면 슬픔을 느끼기 마련이고, 열심히 하던 일이 잘 풀리지 않으면 억울하기 마련이다.

한편으로 모두가 부처와 같은 깨달음을 얻는다면 인류는 멸망할 것이란 생각도 든다. 인류가 주어진 비극을 그대로 받아들이기만 하고 개선하려 하지 않았다면 세상은 자연의 원시 상태에서 달라지지 않았을 것이다. 현실을 받아들이는 것뿐만 아니라 그것을 더욱 좋게 바꿔나가겠다는 마음가짐도 살아가는 데는 필요하다.

생활 속에서 기대를 조금만 줄이고 상황을 수용하면 편해진다. 그런 점에서 완벽한 깨달음의 경지에 이를 필요는 없지만, 부처 같은 사고방식을 이해하는 일도 의미가 있다. '반드시 이래야 한다'거나 '이렇게 될 리 없다' 같은 믿음에 얽매이지 말자. 세상은 인간의 기대대로 움직여주지 않는다. 인생에는 '이건 이 정도면 어쩔 수 없을지도 몰라' '세상은 원래 이런 거지' 같은 모호한 타협도 중요하다.

이 장에서는 필요 이상의 기대와 이상을 버리고 적당히 포기하며 살아가는 비법에 대해 짚어보겠다.

LIST 28 □ 닫지 않는다

KEYWORD ● 복수, 동시의 커뮤니케이션

요즘 좀 연배가 있는 사람들로부터 "요새 젊은이들은 다른 사람을 면전에 두고도 스마트폰만 보고 있으니 실례야"라는 말을 꽤 듣게 된다. 분명 지금 세대의 모습에 익숙하지 않으면 그렇게 느끼는 건 어쩔 수 없다. 나도 인터넷에 익숙하지 않은 세대를 만날 때는 되도록 스마트폰을 보지 않으려고 한다.

하지만 개인적으로 나는 맞은편에 있는 상대가 스마트폰을 보는 것은 대환영이다. 외려 더 열심히 봐줬으면 좋겠다. 그러는 편이 '눈앞의 상대와 반드시 대화를 나눠야 한다'라는 압박감이 줄기 때문이다. 굳이 억지 수다를 떨지 않더라도 무방한 분위기가 형성되기에 나로서는 고마울 따름이다.

단순히 얼굴을 맞대고 대화를 나누는 것이라면 커뮤니케

이션 채널이 '발성에 의한 대화'라는 하나밖에 존재하지 않게 된다. 채널이 하나밖에 없으면 그 안에서 주도권을 쥐는 사람도 한 번에 한 명뿐이다. 그럴 경우 언변이 유창한 사람이거나 목소리가 큰 사람과 같은 특정한 몇 명이 늘 주도권을 쥐는 흐름이 만들어진다.

나는 이른바 눌변이라서 다른 사람과 마주보고 대화를 나눌 때면 하고 싶은 말을 제대로 못 할 뿐더러 도중에 피곤해질 때가 잦다. 하지만 그럴 때 스마트폰을 보며 '인터넷'이라는 채널을 통해 외부와 이어져 있으면 답답함이 조금이나마 누그러지는 느낌이 든다.

회사 안에서는 가까운 친구를 만들지 못한 내가 인터넷에서 친구를 만들 수 있었던 데는 인터넷을 즐기는 사람들 특유의 커뮤니케이션 방식이 한몫을 했다. 인터넷으로 알게 된 사람들은 만날 때 항상 컴퓨터를 가져왔다. 패밀리레스토랑이든 누군가의 집이든 함께 모이면 우선 다들 노트북을 열어놓고 잡담을 나누든, 인터넷을 보든, 앞에 있는 상대와 채팅으로 대화하든, 주변을 신경 쓰지 않고 혼자 게임 혹은 프로그래밍을 하든 대수롭지 않게 여기는 분위기였다.

'마주 보고 억지로 대화를 나누지 않아도 된다'라는 분위기가 내게는 너무나 편했다. 채팅이나 블로그 등지에서는 수다스럽게 말을 할 수 있어도 실제 만남에서는 말문이 막히는 사람이 있는가 하면, 면전에서는 누구 못지않게 말이 많다가도 인터넷에는 간략한 단문밖에 안 남기는 사람이 있는 것이다. 커뮤니케이션이라는 측면에서 인간이 다양하게 나뉜다는 사실을 알게 된 점도 흥미로웠다.

물론 인간의 주의력과 집중력에는 한계가 있기에 스마트폰이나 컴퓨터를 보면서 이야기를 나누다 보면 대화는 느슨해질 수밖에 없다. 하지만 서로에게 기본적인 신뢰가 있다면 대화는 좀 느슨해져도 상관없지 않을까. 스마트폰을 보며 흥미 있는 화제가 나올 때만 대화에 참여하고, 또 대화에 지치면 다시 인터넷을 보는 식으로 대화의 참여 여부를 자유롭게 개인에게 맡기는 분위기가 마음 편하다.

자신의 100퍼센트를 전부 '이곳'에 둘 필요는 없다. 50퍼센트는 이곳에 있더라도 다른 50퍼센트는 인터넷 세계에 있는 분위기가 허용되는 쪽이 훨씬 자유롭고 즐겁다고 생각한다.

실생활에서의 대화와 인터넷 커뮤니케이션과의 가장 큰

느슨한 관계들을 만들재!

차이는 '복수의 대화를 동시에 진행할 수 있느냐 없느냐'라는 점이다. 실생활에서의 대화라면 하나의 대화에 전적으로 집중해야 한다. 그러나 인터넷 속 대화라면 복수의 채널에서 복수의 커뮤니케이션을 동시 진행할 수 있다. 트위터를 보며 채팅을 하거나 페이스북이나 인스타그램에 '좋아요'를 누르며 동시에 메일을 확인하는 식으로 말이다. 요즘 젊은 사람들은 멀티태스킹으로 나누는 대화에 익숙하다. 그런 다채널 커뮤니케이션에는 구속감이 없어서 좋다.

나는 가족이나 종교와 같은 이른바 '닫힌 인간관계'에 약하다. 닫힌 인간관계는 부작용이 많다. 닫힌 공간에서는 커뮤니케이션 채널이 하나밖에 없기에 그 안에서 가장 힘 있는 자가 주도권을 쥐게 된다. 그리고 외부인의 눈이 없는 닫힌 공간 안에서는 다른 사람에 대한 폭언과 제3자에 대한 집단적인 언어폭력이 자행되는 상황이 아무렇지도 않게 이루어지기도 한다. 그것이 잘못됐다는 걸 그 안에 있는 사람은 깨닫지 못한다. 자기도 모르는 사이에 그 분위기에 마비되기 때문이다.

일본에는 자기가 만든 틀 안에서 자식을 강제하고 억압하는 부모를 가리켜 '도쿠오야毒親'라고 부른다. 사이비 종교에서 발생하는 끔찍한 사건들, 그리고 '왕따'와 같은 폭력 등 이 모든 것이 닫힌 공간에서 발생하는 일들이다. 그렇기에 어떤 집단이든 닫히지 않도록, 폐쇄되지 않도록 외부로 통하는 채널을 항상 연결해야 한다. 외부인이 쉽게 드나들 수 있게 하고, 빠지고 싶어 하는 사람은 자유롭게 나가도록 하여 유동성을 유지하는 것이 환기가 잘되는 건전한 커뮤니티를 유지하는 방법이다.

내가 셰어하우스에서 친구들과 함께 사는 것도 그런 이유다. 가족은 교체할 수 없지만 셰어하우스는 같이 거주하는 사람이 바뀐다. 그런 게 편하다. 만약 질이 나쁜 사람이 들어온다고 해도 그 사람을 내보내든가, 그것도 안 되면 내가 나가면 그만이다.

물론 '유동성이 높다'라는 것에는 장점도 있고 단점도 있다. 셰어하우스에서 친구들과 함께 살아서 마음이 편하긴 하지만, 각자 언제 나갈지 모를 일이다. 5년, 10년 후에는 혼자 남을 가능성도 있다. 가족이란 관계에는 유동성이 없기에 빠져나갈 수는 없지만 10년, 20년 후에도 인연이 끊어지지 않는다. 그렇기에 어느 쪽이 좋다고 딱 잘라 말할 수는 없는 법이다. 가능하면 양쪽을 잘 활용해서 상호 보완하는 것이 낫지 않을까.

유동성이 낮은 관계	유동성이 높은 관계
가족, 연인, 친척, 이웃, 회사 동료 등	친구, 취미가 맞는 친구, 셰어하우스 주민 등
• 바꾸기 어렵다 • 의지하기 쉽다 • 뒤틀리기 쉽다	• 바꾸기 쉽다 • 지속되기 어렵다 • 연결이 느슨한 만큼 마음이 편하다

● 둘 다 일장일단이 있으니 양쪽 채널을 잘 나눠서 쓰자.

　　인간관계에 채널이 하나밖에 없으면 갑갑해지기 쉽다. 되도록 많은 채널을 만들어 곳곳에 느슨한 연결고리를 지니자.

LIST 29 □ 뭔가를 위해서 하지 않는다

KEYWORD ◐ 컨서머토리(자기충족적)

요즘은 취미로 채소를 재배한다. 텃밭이라고 할 만큼 본격적인 것은 아니다. 모종이나 씨앗을 사다가 대충 화분에 심어놓고, 딱히 애써 돌보지 않고 그냥 내버려두기만 했는데 식물은 무럭무럭 자라서 열매를 맺으니 대단할 따름이다. 여름에는 토마토나 오이, 여주를 한가득 수확할 수 있다. 비록 수확하기까지 시간이 걸리지만 채소를 사 먹는 것보다 모종을 사는 쪽이 금전적으로도 저렴하다.

채소를 기르게 된 까닭은 굳이 '돈을 아끼겠다'라든가 '유기농 채소를 먹어야겠다'라는 마음보다는 그저 키우고 재배하는 과정이 즐거워 보였기 때문이다. 매일 식물이 조금씩 성장하는 모습은 아무리 봐도 질리지 않는다. 시간 날 때 틈틈이 손질을 해주는 재미도 있다.

나는 요리하기를 꽤 좋아하는데, 식비 절약이나 입맛에 맞는 식사 등의 장점보다 식물 재배와 마찬가지로 요리를 하는 행위 자체의 즐거움이 더 크다. 채소와 고기를 썰고 익히고 간을 어떻게 할지를 떠올리는 과정이 즐거운 것이다.

즐거움은 결과가 아닌 결과에 이르기까지의 과정에 깃든다. 뭔가를 할 때 '그것이 어디에 도움이 되는가'를 떠올리기보다 그 과정 자체를 즐기는 것이 결과적으로도 좋다.

책을 읽을 때는 '이 책을 읽으면 지식이 생긴다'라든지 '돈을 벌 아이디어를 얻을 수 있다'라는 식으로 독서의 효용을 따지는 것이 아니라 책 읽는 행위 자체를 즐긴다. 운동을 할 때는 '운동을 해서 건강해지겠다'라거나 '몸을 만들겠다'라는 생각보다 운동의 순수한 재미 그 자체에 빠져드는 것이다. 책을 읽어서 지식이 증대된다거나 운동을 해서 건강해지는 건 그 자체에 빠져들면 자연히 따라오는 부록이다.

과정이 그리 즐겁지 않지만 목적을 위해 어쩔 수 없이 하는 일은 결국 오래 이어지지 않는다. 과정이 즐겁지 않은데 성공하는 일은 없다. 어디에 도움이 될지를 일일이 따질 게 아니라 그 자체를 즐기자.

취미란 실질적으로 생활에 별 도움이 되지 않는다 해도 그 행위 자체에 빠져드는 일이다. 그런 취미를 찾으면 삶이 풍요로워진다.

　미국의 사회학자 탈코트 파슨스Talcott Parsons가 제안한 '컨서
머토리consummatory'라는 개념이 있다. 이 '컨서머토리'라는 단어
를 일본어로 '자기충족적'으로 번역할 때가 많은데, '어떤 목
적을 위해 뭔가를 하는 게 아니라 그 자체를 즐기는 것'을 나
타내는 개념이다. 일본에서는 먼 미래의 행복이나 사회적인
목표의 실현을 위해 현재를 희생하기보다 '지금, 여기'에서의
행복을 추구하는 청년 세대를 일컬을 때 자주 언급된다.
　컨서머토리의 반대말로는 인스트루멘털instrumental(도구적)이
있다. 걷기를 예로 들면 목적지에 가려고 걷는 것이 인스트
루멘털이고 걷기 자체를 즐기는 것이 컨서머토리다.
　지금은 빈곤하여도 점차 성장하여 세상이 나아질 수 있다
고 믿었던 시대에는 인스트루멘털적인 행동 원리가 세상의
주류였다. 즉 '지금은 가난하지만 열심히 하다 보면 언젠가
밝은 미래가 찾아올 것이다'라고 생각해 현재를 희생하며 미
래를 위해 열심히 일했던 것이다.
　그러나 이미 경제적으로 풍요로워지고 성장의 정점을 찍
게 된 오늘날에는 현재를 희생하여 미래를 위해 열심히 일한

다고 해도 예전 세대가 그랬던 것처럼 밝은 내일이 보장되지 않는다. 따라서 차츰 '현재를 즐기자'라는 행동원리로 살아가는 사람이 늘어나고 있다.

가끔 '미래를 위해 현재를 희생하며 열심히 하자'라는 자세가 필요할 때도 있지만, 기본적으로 인생은 컨서머토리적으로 살아가는 것이 행복하게 사는 비법이다. 생활 속에 컨서머토리적인 부분이 없으면 인간은 버티지 못한다. 애초에 인간은 거대한 대의를 위해 살아가지 않는다. 다만 '살아가는 일'에 충실하기 위해 존재하는 것이다.

어디에 도움이 될지 같은 복잡한 생각을 하지 말고 순수하게 하고 싶은 일을 하자.

LIST 30 □ 마지막까지 참지 않는다

KEYWORD ○ 손절매와 집어먹기

독서를 자주 하지 않는 사람은 '책은 처음부터 끝까지 순서대로 꼼꼼히 읽어야 한다'라고 생각하는 경우가 많은데, 책은 좀 더 멋대로 읽어도 된다.

책을 좋아하는 사람일수록 자기만의 방식으로 책을 읽는다. 후기부터 읽어도 무방하고 책장을 휙휙 넘기며 궁금한 부분만 대충 읽고 곧장 책을 덮어도 상관없다. 지인 중에 '소설은 대화문만 읽고 지문은 그냥 넘긴다'라는 사람이 있었다. 그건 좀 너무하다 싶기는 하지만 책을 그런 식으로 즐기는 것도 하나의 방법이지 않을까. 책 한 권을 읽어서 마음에 드는 문장 하나만 만나도 충분히 본전을 건지는 셈이다. 읽지 않더라도 책장에 꽂아두는 것만으로도 만족스럽다면, 그 또한 나쁘지 않다.

책이든 뭐든 규정된 사용법 같은 건 성실하게 지킬 필

요 없다. 자기에게 편한 방식으로 자유롭게 이용하자.

독서와 마찬가지로 술자리나 이벤트 같은 곳에서도 처음부터 끝까지 자리를 지킬 필요 없다. 정말로 즐겁다면 풀타임으로 있어도 상관없지만 다른 사람의 눈치를 살피느라 처음부터 끝까지 자리를 지키는 사람이 꽤 많을 것이다.

시작하기도 전에 미리 나왔다가 끝나는 시점까지 성실하게 있을 이유가 없다. 자기가 관심 있는 시간대에 나타나서 얼굴을 비추었다가 싫증이 나면 "다른 일이 있어서······"라는 식으로 적당한 구실을 대고 빠져나가면 그만이다.

나는 다른 사람과 오랜 시간 함께 있는 상황 자체가 너무 불편해서 시간이 오래 걸리는 행사일 경우에는 걸핏하면 중간에 빠져나간다. 밖으로 나와서 행사장 주변을 어슬렁거리거나 편의점에서 잡지를 읽거나 캔 커피를 사서 잠시 휴식 시간을 갖고 난 후 어느 정도 기운이 회복됐다 싶으면 다시 행사장으로 돌아가곤 한다. 술자리에서 몰래 빠져나와 취기가 도는 상태로 길가에 앉아 번화가를 오가는 사람들을 구경하는 것도 나름의 재미다.

'스케줄을 지키지 않는다'(LIST 23)에서도 적었듯이 뭔가를 땡땡이치고 다른 일을 하는 것만으로도 즐거움은 배가된다. 살짝 기분 전환을 하고 난 뒤 돌아가면 신선한 느낌으로 다른 사람과 대화를 나눌 수도 있다. 자리를 뜨기 어려운 분위기일 때는 '전화를 받는 척하며 빠져나가는' 잔기술도 자주 활용한다.

《꼴지, 동경대에 가다》로 유명한 만화가 미타 노리후사三田紀房의 《인베스터Z》라는 만화는 중학생이 교내 '투자부' 동아리에 들어가 주식 투자를 하는 이야기인데, 신입 부원인 주인공이 강제로 혼자 영화관에 들어가게 되는 에피소드가 있다.

주인공은 영화를 보기 시작하지만 영화는 따분하기 그지없다. 이런 영화를 보는 건 시간 낭비라고 판단한 주인공은 중간에 영화관에서 뛰쳐나온다. 그러자 밖에는 선배들이 기다리고 있다. 실은 이것은 '재미없는 영화를 보다가 얼마나 일찍 뛰쳐나올 수 있나'라는 시험이었다.

'과거에 연연하지 않는다'(LIST 8)에서도 다룬 바와 같다. 주인공의 선배들은 주인공이 투자할 때 '손절매'가 가능한지를 시험한 것이다.

뭔가에 실패했을 때 그전까지 쏟아부은 시간과 돈이 아깝다는 이유로 시간과 자원을 계속 투자하는 건 어리석은 짓이다. 되도록 빨리 털어 피해를 최소화하는 것이 중요하다. 이는 비단 투자가 아닌 인생의 모든 일에 적용되는 원칙이다.

'뭔가 미묘하다'라는 느낌이 들면 빨리 빠져나오자. 다른 사람에게 맞출 필요는 없다. 타성에 휩쓸리지 말고 내게 필요한 부분만을 골라 집어먹도록 하자.

CHECK! 미타 노리후사, 〈인베스터Z〉, 서울비주얼웍스 (국내 출간 e-book)

LIST 31 □ 일에 모든 것을 바치지 않는다

KEYWORD ○ '이네블러'라는 덫

평일에는 정신없이 일하다가, 휴일만 되면 "할 일이 없다" "심심해 죽겠다"라는 말을 입에 달고 사는 지인이 있다. 나는 늘 한가하니 "아, 그래? 그럼 뭐 재밌는 일 없을까?"라고 맞장구치며 같이 차를 마시거나 수다를 떨며 밥을 먹곤 한다.

특이한 점은 평일에 일 때문에 시간이 없다고 하는 사람들은 오히려 주말보다 평일에 활기찬 느낌이다. "일이 힘들다" "야근이 많다" "회사가 열악해"라고 입에 불만을 달고 살면서도 한편으로는 그런 상황을 즐기는 듯한 측면도 보인다. 심지어 일이 줄어서 자유로운 시간이 늘면 "할 일이 없다"라며 따분해한다. 이런 사람들 중에서는 굳이 하지 않아도 되는데 휴일까지 일하는 극단적인 인물도 있다.

또 일이 난항을 보일수록 활기를 띠는 사람도 있다. 사고가 나면 눈빛을 반짝이면서 나서지 말아야 할 상황임에도 본인이 앞장섰다가 사고에 휘말리기도 한다. 늘 성가신 문제를 갖고 있는 상대에게만 관심이 가고, 그 사람 뒷바라지를 하느라 힘들다면서도 왠지 신나 보이는 사람도 있다. 그런 이들 역시 아무 사건이 없는 평상시에는 활기를 잃고 따분해한다.

문제를 떠안으려 하는 사람을 욕할 수는 없다. 오히려 칭찬받아야 하는 행동이라 여길지도 모른다. 하지만 그것은 정신질환 분야에서 '이네블러enabler'라고 불리며 위험시되는 현상이다.

'이네블러'는 알코올의존증이나 우울증 등 정신질환 문제를 지닌 사람을 떠받쳐주다가 상대가 자신에게 의존하는 상황에 다시 의존하게 되는, 이른바 '공의존共依存'이라 불리는 상태이다. 문제를 갖고 있는 사람이 자립하면 자신이 필요하지 않게 돼버리니 문제를 근본적으로 해결하려 하지 않고 구제불능인 사람의 응석을 받아주며 그대로 내버려두는 것이다.

문제 상황을 짊어져야만 마음이 안정되는 상태를 결코 건전하다고는 할 수 없다. '꼭 해야 하는 일'을 떠안고 쫓기는 것이 아니라, '굳이 하지 않아도 되지만 자발적으로 하고 싶은 일'을 하는 것이 좋다.

'나는 일을 할 때 제일 행복하니 24시간 일하고 싶다'라는 사람은 그래도 좋다. 그런 사람도 세상에는 존재한다. 문제는 일을 그리 좋아하지도 않는데 할 일이 없으니 일을 하게 되는, 일이 없으면 불안한 사람이다. 자발적으로 하고 싶은 일이 없으면 휴일에 불안을 느끼고 굳이 나서서 성가신 일을 찾곤 한다.

정년 후에 '정년 우울증'에 걸리는 사람도 마찬가지일 것이다. 긴 인생을 즐기기 위해서는 일 외에 다른 '하고 싶은 일'을 찾아야 한다. 일하기 위해 인생이 있는 것이 아니라 인생을 즐기기 위해 일하는 것이니까.

물론 하고 싶은 것을 찾지 못했을 때 '일단 일이나 하자'라는 것은 괜찮다. 일을 하면 돈을 벌 수 있고 다른 사람과의 관계도 형성된다. 하지만 그뿐이라면 벽에 부딪힐 때가 반드시 찾아온다. 그러니 '난 이걸 할 때가 행복해'라는 대상을 발견하는 것이 중요하다.

일 외에 하고 싶은 것이 아무것도 떠오르지 않는 데는 두

가지 이유가 있다. 하나는 '피곤해서', 다른 하나는 '하고 싶은 것을 만나지 못해서'이다. 피곤할 때는 그냥 쉬자. 피곤하지 않으면 지금껏 해본 적 없는 다양한 것들에 도전해보자.

세상에는 평생을 다해도 경험하지 못할 만큼 재밌는 것들이 많다. 다양한 곳을 다니며 이런저런 취미를 즐겨보자. 새로운 취미를 시작할 때는 그 분야에 정통한 선배의 도움을 받는 게 좋다. 무슨 일이든 즐기려면 약간의 비법이 필요하기 때문이다.

인간이란 자기가 좋아하는 것에 대해 떠들고 싶어 하기 마련이다. '취미 선배'에게 가르쳐달라고 부탁하면 어떤 부분을 어떤 식으로 즐기면 좋은지 흔쾌히 알려줄 것이다.

LIST 32 □ 다른 사람의 의견은 신경 쓰지 않는다

KEYWORD ○ 듣는 건 절반으로 충분

블로그에 글을 쓰다 보면 동의하는 의견과 비판하는 의견 등 다양한 댓글이 달린다. 동의하는 댓글이야 별 상관없지만, 인터넷에서 자주 문제시되는 것은 바로 글쓴이를 공격하는 댓글이다.

댓글을 남기는 이들은 대체로 익명이라는 속성을 이용해 심한 말을 거침없이 적는다. 중상이나 욕설에 가까운 말이 오갈 때도 있다. 블로거 중에서는 비판적인 댓글을 보는 게 힘들다며 댓글을 아예 못 달게 하는 사람도 있다.

하지만 나는 그런 댓글에 거의 신경 쓰지 않는 편이라 블로그에 공격적인 댓글이 달려도 '이런 생각을 하는 사람도 있구나. 재밌네'라고 생각하며 나름 즐기면서 본다. 오히려 칭찬과 동의로만 댓글이 도배되는 편이 더 이상하다. 내 의견이 절대적으로 옳다고는 생각하지 않으니 비판이 나오는 것도 당연하다. 댓글에는 글쓴이와 다른 관점을 지닌 의견이 적당히 있어야 균형이 맞는다.

　인터넷에서는 어떤 내용의 글을 적어도 비판에서 완전히 자유로울 수 없다. 주변 친구들과 지인들에게 알리기 위해 '사랑하는 사람과 결혼하게 되어 기쁩니다'라는 글을 블로그에 적으니 '결혼하고 싶어도 못 하는 사람이 이 글을 읽으면 어떨지를 고민해봤느냐'라거나 '결혼 제도에서 소외당하는 사회적 소수자 문제에 대해 생각해본 적이 있느냐' 같은 예상치도 못한 총탄이 날아온다. 그런 전쟁터가 인터넷이다.

　'싸구려 식당 밥이 맛있다'라고 적으면 '싸구려 식당이라니. 안 됐어요'라는 의견과 '싸구려 식당에라도 갈 수 있는 건 행복한 일이다. 당신은 진짜 가난을 모른다'라는 의견이 양쪽에서 날아오니 피할 수 없다. 바꿔 말하면 아무리 말도 안 되는 의견이라도 동의하는 사람이 나오는 곳이 또 인터넷이다.

　다양한 의견이 수없이 쏟아져 나온다는 점이 인류라는 종의 흥미로운 일면이다. 수많은 사람의 의견이 충돌하는 모습을 집 안에 누워서 볼 수 있다는 점이 인터넷의 재미있는 부분이기도 하다.

인터넷을 하다 보면 다른 사람의 의견을 전부 진지하게 받아들일 필요 없다는 걸 깨닫게 된다. 아니, 애초에 다른 사람들의 의견을 모두 받아들이는 것은 불가능하다는 걸 실감한다. 인간이란 원래 자기가 하고 싶은 말만 하기 마련이다. 타인의 이야기를 진지하게 받아들였다가 실패한다고 해서 그 사람이 대신 책임져주는 것은 아니다. 결국 내 인생은 내가 책임질 수밖에 없다.

타인은 나와 같은 인간이기는 해도 전혀 다른 감각을 지닌 별개의 생물이라고 생각하는 편이 좋다. 애초에 서로 이해관계가 맞지 않으니 소통이 오고 갔다는 것만으로 행운이라 할 수 있다.

무슨 생각을 하는지 모를 작자들은 그들이 아무리 떠들어도 '시끄러운 TV'쯤으로 여기면 그만이다. 타인을 향해 필요 이상 불만을 늘어놓는 사람은 알고 보면 정작 그 자신이 문제적인 상태일 경우가 많다.

타인의 이야기는 가감하여 절반 정도만 들으면 된다. 싫어하는 사람이나 잘 맞지 않는 사람이 하는 말은 10퍼센트 정도만 신경 쓰면 된다. 신뢰할 수 있는 사람이나 평소 마음이 잘 통하는 사람이 하는 말일지라도 나와 가치관이나 인생이 완벽하게 일치하는 것은 아니니 70퍼센트 정도만 들어두면 괜찮다. 두 타입을 종합하면 40퍼센트에서 50퍼센트이니, 결국 절반 정도다. 다른 사람의 말은 대충 흘려듣고 내게 도움이 될 만한 부분만을 적당히 이용하자.

상대에게 부정적인 말을 들으면 기운이 빠질 수 있고, 반론해봐야 큰 이득은 없다. 그럴 때는 '이 사람은 나에 대해서 하나도 몰라. 하지만 이 사람한테는 이 사람 나름의 인생이 있겠지'라든지 '이 사람은 필요 이상 공격적인 걸 보니 살면서 뭔가 힘든 일을 많이 겪었나 보네'라고 여기며 적당히 응대하고 거리를 두며 살아가자.

LIST 33 □ 토론하지 않는다

KEYWORD ○ 어정쩡한 맞장구

나는 예전부터 토론에 약했다. 누군가와 어떤 주제에 관해 대화를 나누다가 조금이라도 어려운 이야기가 나오면 '저게 무슨 말이지?' '어떤 논리로 저런 식으로 말이 이어지는 걸까' 하며 혼란스러워진다. 누군가가 열성적으로 주장하면 그게 어떤 의견이든 '오오, 저렇게 강력하게 주장하는 걸 보니 정말 그럴지도 모르겠네'라고 생각할 때도 있다.

아마 순간적인 판단 능력이 떨어져서일 것이다. 글이라면 느긋하게 내 페이스에 맞춰서 쓸 수 있지만, 얼굴을 마주 보고 하는 대화는 아무래도 순발력이 필요해 뜻대로 되지 않는다. 또 애초에 시끄럽게 떠든다는 것 자체가 성가시기도 하다.

대학 시절에는 인생과 사회, 문학에 관한 이야기를 왁자지껄 주고받는 친구들로 주변이 넘쳐났지만, 난 그런 대화에 잘 끼지 못하고 "오, 그렇구나" "그럴지도 모르겠네"라며 적당히 맞장구를 치며 줄곧 듣는 쪽이었다.

전에는 토론을 잘하는 사람을 보면 '대단하다. 어떡하면 저렇게 될 수 있을까?'라며 동경한 적도 있지만 시간이 흐를수록 그런 동경은 점차 사라졌다. 이유는 토론을 잘하는 사람은 생각하는 능력이 뛰어나다기보다 단순히 토론이라는 스포츠에서 이기는 것을 좋아할 뿐이라는 걸 깨달았기 때문이다.

한마디로 그저 취향의 문제일 뿐인 것이다. 애초에 현실 세계에서는 토론에서 이긴다 해도 바뀌는 것은 그리 없다. 상대를 논리적으로 제압한다고 한들 상대가 내 뜻대로 움직여주는 것도 아니다. '무슨 말인지는 알겠지만 왠지 감정상 받아들이기 어렵다'라거나 '그 말이 옳을 수도 있지만 이 녀석을 따르기는 싫다'처럼 나오는 경우가 비일비재하다. 인간은 비합리적이고 감정적인 요소로 움직이는 부분이 많다.

'둘 중 하나를 택하지 않는다'(LIST 19)에서도 썼듯이 현실에서는 대체로 어느 의견이 100퍼센트 맞고 어느 의견이 100퍼센트 틀리는 경우란 거의 없다. 인간은 저마다 다른 경험과 사상을 지녔다. 그런 만큼 어떤 의견이든 '아아, 내 의견과는 좀 다르지만 그럴지도 모르겠네. 네가 무슨 생각인지는 알겠

자연스럽게 자신을 낮추는 일은 어렵다.

어' 정도의 위치에 있는 게 좋다.

필요 이상 자기 의견을 강요하는 사람은 단순히 토론이라는 스포츠를 좋아하는 사람이거나 자기 의견에 자신감이 없는 사람, 혹은 스트레스가 쌓인 사람이다. '다른 사람의 의견을 신경 쓰지 않는다'(LIST 32) 말미에도 적었지만 그런 사람과 토론을 해도 딱히 얻을 것은 없다.

성가신 토론으로 이어질 것 같으면 "아아, 그럴지도 모르겠네요…… 잘 알겠습니다. 전 그런 어려운 건 잘 몰라서……"처럼 어정쩡하게 맞장구를 치면 대부분은 상대도 '아아, 이 녀석은 얘기해봐야 말이 안 통한다'라고 여겨 포기하기 마련이다. 토론을 피하기 위해 평소에도 어정쩡하게 맞장구를 치는 연습을 해두자.

LIST 34 □ 아무것도 하지 않는다

KEYWORD ○ 단전을 의식한다

'아무것도 하지 않고 멍하니 있는다'라고 하면 언뜻 간단해 보이지만 좀처럼 실천하기는 쉽지 않다. 집에 가만히 있다 보면 문득 집 안 더러운 곳이 신경 쓰이며 자기도 모르게 청소기를 집어 들게 되는 식으로 말이다. 그냥 느긋하게 있고 싶은데도 업무나 집안일이 자꾸만 떠오르다가 가만히 있지 못하고 무슨 일이든 하게 되기도 한다. 아마 누구든 흔히 겪는 상황일 것이다.

나는 멍하니 있고 싶을 때는 주로 대중교통을 이용한다. 별다른 용건 없이 한산한 노선의 전철을 30분 정도 타고 적당히 아무 곳에나 내려서는 모르는 동네를 어슬렁거리다가 커피 한 잔 마시고 다시 전철을 타고 돌아오곤 한다.

1년에 몇 번쯤은 더 오랜 시간 대중교통을 타는 여행도 한다. 여덟 시간쯤 걸리는 완행열차나 고속버스를 타고 멀리 떠나는 것이다. 신칸센이나 비행기로 후다닥 이동하는 것보다 이동 시간이 긴 여행이 내게는 더 풍요로운 경험을 선사한다.

버스나 기차에 몸을 싣고 이동하는 시간은 멍하니 있기에 안성맞춤이다. 차창 밖으로 흐르는 풍경을 보고 있으면 온갖 근심거리가 사라진다. 아무것도 하지 않고 가만히 앉아 있는 것만으로 기분이 나아지는 느낌이다. 독서나 음악 감상도 교통수단에 몸을 싣고 이동할 때 가장 집중해서 즐길 수 있다.

아마 멍하니 있을 수 있는 가장 좋은 비법은 '무언가를 타고 이동하며 그냥 앉아 있는다'처럼 아무것도 하지 않아도 근심거리를 잊을 수 있는 상태에 자신을 두는 것이리라.

아무 생각 없이 교통편을 타고 이동하는 일은 명상과도 닮았다. 명상도 마음을 비우고 아무것도 생각하지 않는 상태를 목표로 하지만, 그저 '아무것도 생각하지 않는다'를 실천하려고 해도 마음속에 이런저런 잡념이 피어오르고 만다.

따라서 명상을 할 때는 어느 한 지점에 계속 의식을 집중하거나 몸을 한없이 천천히 움직여 그 신체감각에 의식을 집중

하는 등 생각하는 일 이외의 표적을 만들어 의식을 돌리는 것으로 마음속을 깨끗이 비우려고 한다.

또 예로부터 무도武道에서 자주 일컫는 '단전을 의식한다'라는 행위도 비슷한 느낌이다. 단전이라는 곳은 배꼽에서 손가락 세 개 아래, 그 지점에서 또 손가락 세 개 정도 몸 안으로 들어가면 닿는 곳을 뜻한다. 단전이라는 지점에 특별한 신체 기관이 있는 것이 아니다. 그저 내장의 한 부분일 뿐이다. 무도에서는 흔히 이 단전을 의식하며 움직이면 몸의 균형이 잘 맞고 기술에도 힘이 제대로 들어간다고 한다.

교육학자인 사이토 다카시齋藤孝 씨는 "단전에는 아무리 힘을 넣어도 힘이 들어가지 않으니 좋다"라고 했다. 무도에서 '힘으로 굳히는' 것은 금물이다. 경직되어 있으면 적에게 그 틈새를 공격받게 된다. 온몸의 긴장이 풀린 느슨한 상태로 있으면서도 어떤 상황이든 즉시 대응할 수 있는 상태가 가장 바람직하다. 이런 상태를 자연체라고 부른다.

하지만 '힘을 넣지 않는다'라는 일도 좀처럼 실천하기 어렵다. 몸을 의식하면 할수록 힘이 들어가 경직되곤 한다. 그

때 단전에 집중하는 일이 필요하다. 단전은 어떤 근육이 아니라 내장에 위치한 한 지점이기에 아무리 의식해도 힘이 들어가 경직될 일이 없다.

다시 말해 단전에 의식을 집중한다는 건 '온몸에서 원활하게 힘을 빼기 위해 아무리 의식해도 힘이 들어가지 않는 지점에 집중한다'라는 뜻이다. 이는 멍하니 있기 위해 전철을 이용하는 일과 비슷하다. 그 밖에 멍하니 있는 방법으로 목욕탕에 있는 것도 나쁘지 않다. 목욕탕 역시 뜨거운 물에 몸을 담그고 의식을 몽롱한 상태로 둘 수 있는 근사한 공간이다.

즉 전철을 타고 온천에 가는 것이 최고의 조합이다. 삶이 힘들 때는 온천에 가서 기분을 풀자.

CHECK! 사이토 다카시, 《호흡 입문 – 심신을 가다듬는 일본 전통 지혜》, 가도카와신쇼

LIST 35 □ 장수하지 않는다

KEYWORD ◐ 의무 교육을 마치면 여생

매년 생일이 다가오면 소설가 야마다 후타로[山田風太郎]가 쓴 《인간 임종 도감》이라는 책의 내 나이 쪽수를 펼쳐본다. 이 책은 동서고금 다양한 인물의 죽음을 향년 순으로 정리한 책이다.

이 책을 읽으면 왠지 가슴을 쓸어내리게 된다. '스물여섯 살에 요절한 이시카와 다쿠보쿠[石川啄木]나, 서른다섯 살에 세상을 떠난 모차르트에 비하면 오래 살았으니 행복하다'라든지 '제아무리 위대한 인물도 결국 고통스럽게 죽어 사라지는구나'라는 것을 확인하게 되어서일지도 모르겠다.

나는 지금 서른여섯 살이지만 이미 서른 무렵부터 '이제부터는 여분의 생이다'라는 생각으로 살고 있다. 흥미가 가는 일은 어지간히 다 해본 것 같고, 애초에 나처럼 나태한 데다 병약하기까지 한 구제불능의 인간은 오래 살기 글렀다고 생각했기 때문이다.

동남아시아를 오가며 생활하는 나이 지긋한 한 지인은 "의무교육을 마치고 나면 여생"이라고 내게 말한 적이 있다. 그 말을 들은 순간 '아, 난 왜 좀 더 일찍 그걸 깨닫지 못했을까'라며 패배감마저 들 정도였다.

나는 종종 '잘도 이런 나이까지 무사히 살았네' 하며 스스로를 칭찬해주고 싶다. 그런 마음이 드는 건 20대, 30대에 일찍 세상을 떠난 지인들이 꽤 있어서일지도 모르겠다. 일에 서툴렀거나, 인간관계에 실패했거나, 사회에 적응하지 못했다는 이유만으로 죽음으로 내몰리는 경우가 있었다.

'어쩌면 극단적인 선택을 할지도 모르겠다'라는 끔찍한 상상이 들 만큼 절망에 빠진 친구도 있었고, '조금만 더 여지가 있었더라면 세상을 등지지 않았을 텐데' 하며 안타까운 마음이 드는 친구도 있었다.

그렇게 세상을 떠난 친구들을 떠올리면 슬픔과 함께 '어쩌면 어쩔 수 없었을지도 모른다'라는 마음도 함께 드는 게 사실이다. 이 사회에 적응하지 못하는 사람은 반드시 존재하기 마련이고, 주변에서 그런 사람을 위해 도움의 손길을 내밀기도 하지만 타인에 의한 완전한 구원은 사실상 불가능하다. 주변의 도움 덕에 몇 년, 혹은 몇십 년 수명을 늘릴 수는 있지만 마지막 순간은 언젠가 예비되어 있다는 느낌이라고 할까.

인간은 결국 죽는다. 그 자명한 사실을 인식하고 나면 누군가의 죽음에 대해 그 시점이 조금 일렀거나 늦었다고 생각해야 할지도 모른다.

나 역시 생활이 불안정하고 앞날이 밝다고는 결코 말할 수 없다. 그럼에도 '난 언제 죽을지 몰라'라는 생각을 떠올리면 몸에 살짝 긴장감이 돌고 의식이 깨끗하게 비워지는 느낌이 들어 나쁘지 않다. '다음 달에 죽어도 후회하지 않게 정신 똑바로 차리고 살자'라며 평소 없던 의욕마저도 조금 생기기 때문이다.

회사를 관두기로 한 것도 '어차피 관둘 거면 빠를수록 좋다. 내가 앞으로 몇십 년이나 이 회사에서 계속 일할 수 있을 리도 만무하고, 또 그런 먼 미래까지 살아 있을지도 미지수다. 만약 내일 죽는다면 죽기 직전까지도 회사를 관두지 못한 것을 후회하면서 죽게 될 것이다'라고 생각한 것이 가장 큰 계기였다.

전쟁을 겪은 이들의 수기를 읽다 보면 '내가 이제 곧 죽는다는 것을 깨닫자마자 세상 모든 것이 찬란하게 보였다'라는 문구를 종종 보곤 한다. 그 아름다움은 갓난아기가 처음 세상과 접하며 느끼는 신선함과 감동에 필적하는 것이리라. 죽음을 의식하면 삶의 소중함을 체감할 수 있다.

'난 좀 더 일찍 죽었어도 이상할 게 없어. 지금 내가 사는 삶은 여생, 부록 같은 거야'라고 생각하면 아무리 힘든 일이 생겨도 '인생에는 원래 이런저런 일들이 일어나기 마련이야'라며 즐길 여유가 생긴다. 그런 생각을 갖고 살아가는 것도 괜찮지 않을까.

인간은 어차피 모두 죽음을 맞이한다. 오래 살든 일찍 죽든 고작 십 년, 길어봐야 몇십 년 차이에 불과하다. 우주나 지구의 수십억 년 역사에 비하면 먼지 같은 차이다. 어차피 먼지 같은 삶이라면 후회하지 않도록 좋아하는 일을 하며 살아가자.

CHECK! 야마다 후타로, 《인간 임종 도감》, 도쿠마분코

LIST 36 ☐ 깊이 파고들지 않는다

KEYWORD ○ '완벽'의 역설

대체로 뭐든 깊이 파고들면 벽에 부딪히기 마련이다. 어느 정도 선에서 '타협'이나 '포기'를 하고 '적당함'을 추구하는 게 좋다. '하지 않을 일 리스트'도 마찬가지다. 어떤 일을 하지 않으려는 강박에 사로잡히지 않는 게 좋다.

예를 들어 노력하기를 싫어하는 사람이 있다. 하지만 '어떤 상황이든 열심히 안 할 거야!'라고 끊임없이 주입하는 삶은 외려 열심히 하지 않는 것을 열심히 해버리는 삶이다. 그렇게까지 열심히 안 하고자 애쓰기보다는 가끔은 살짝 열심히 해보기도 하는 게 자연스럽다.

비슷한 역설은 그 밖에도 많다. '어떤 순간에도 무리하지 말고 자연스럽게 있자'라고 필요 이상 의식하는 것은 오히려 더 부자연스럽다. '모든 욕망을 버리자'라는 생각은 그 자체로 무욕으로 있고 싶다는 욕망을 전제하는 것이다. '아무것도 하지 않는다'(LIST 34)에서 썼듯이 순수하게 아무것도 하지 않기란 어렵다.

'이성에게 인기를 얻고 싶다'라고 필요 이상으로 의식하면 매사에 융통성이 사라지고 집착만 늘어나서 정작 이성의 관심을 끌지 못한다. 그러다가 '연애 따윈 관심 없어'라고 생각한 시점부터 조금씩 이성의 주목을 받게 되었다는 이야기, 자주 듣게 되지 않는가.

살아가는 데 어떤 사상이나 신념을 지니는 것은 좋지만 그 사상과 신념을 완벽하게 실천하려고 하면 대체로 파탄을 맞이한다. 아무리 훌륭한 사상이라도 근본주의는 벽에 가로막히기 쉽다. 따라서 이상을 지니는 것은 좋지만 어느 정도 선에서 그만두거나 타협하는 '적당함'이 있는 쪽이 일이 더 잘 풀린다.

이 책에서 '○○를 하지 않는다'라는 리스트를 잔뜩 적었는데, 스스로 써놓고 이런 말을 하기도 좀 계면쩍지만 여기 적힌 모든 사항을 완벽하게 실천하는 사람을 보면 으스스하게 느낄 것이다. 이런 책은 대강대강 읽고 적당히 자신에게

주기적으로 바람을 빼주는 것이 좋다.

도움이 될 법한 부분만을 골라 참고하기를 바란다.

내가 책에 적어놓은 서른여섯 가지 사항들을 매사 완벽하게 지키느냐고 하면, 결코 그렇지 않다. 이렇게 살고 싶다고는 생각하지만 자주 깜빡하고 자책하는 실수를 범한다. 인생이란 원래 이길 때도 있고 질 때도 있는 법이다. '뜻대로 되지 않는 것이 인생'이라는 말도 있으니 적당히 포기하고 요령껏 느긋하게 살아가자.

대학 시절 기숙사 선배와 나눈 대화가 지금도 머릿속에 남아
있다.

　"정어리 알지? 정어리."

　"네."

　"정어리는 잔뜩 무리 지어 헤엄치잖아. 그러다가 가끔 고래
들이 와서 덥석 먹어버린대. 그때 잡아먹힌 녀석들은 죽고 잡
아먹히지 않은 녀석들은 도망치지. 인생도 그런 거야."

　"무슨 일이 갑자기 터져도 피할 수 없다는 말인가요?"

　"그래그래. 덥석 잡아먹혀서 죽는 건 피할 길이 없고, 또 거

기에 의미 같은 것도 없어. 인간이 살고 죽는 것도 마찬가지야. 다들 인생에 의미가 있기를 원하지만 삶과 죽음, 성공과 실패 모두 순간적인 사고에 지나지 않지. 거기에 의미 따위를 떠올려봐도 나중에 갖다 붙인 결과론에 지나지 않아. 그러니 깊게 생각하지 말고 적당히 살아가면 돼!"

'일리 있네'라고 생각했다. 인간은 모든 일에 의미나 이유가 있기를 바라는 생물이지만 실제로 의미 같은 건 없다. 인간이 나중에 갖다 붙이는 것일 뿐이다. 동물과 식물처럼 자기 의지와 상관없이 태어나 세월이 어느 정도 흐르면 우연한 계기로 죽는다. 단지 그뿐이다.

그런 게 인생이라면 '이건 반드시 해야 해'라거나 '이걸 하지 않으면 안 돼' 같은 규칙에 속박당하지 말고 자신의 마음이 향하는 대로 살면 그만이라고 생각한다.

이 책에서 수많은 '하지 않을 일'에 대해 적었지만 '그럼 무엇을 해야 좋은가'라는 부분은 구체적으로 기술하지 않았다. 그 이유는 '해야 할 일'과 '하고 싶은 일'은 사람마다 다르니 각자 스스로 떠올릴 수밖에 없기 때문이다.

아마 '뭘 하고 싶은지' '뭘 해야 하는지'를 찾는 게 인생 아닐까.

인생의 '하고 싶은 일 리스트'는 스스로 만들어가자.

2015년 12월

파(pha)